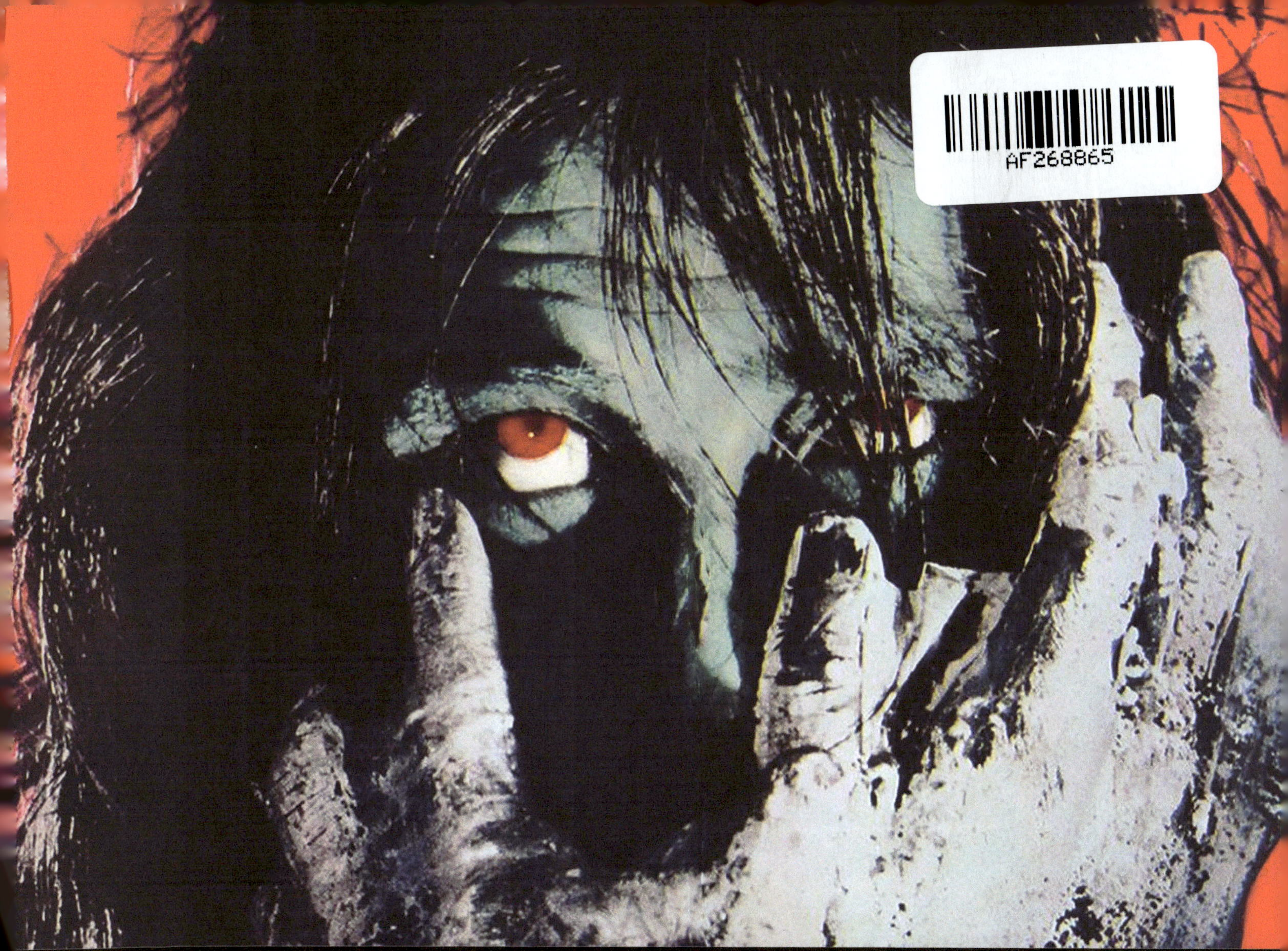

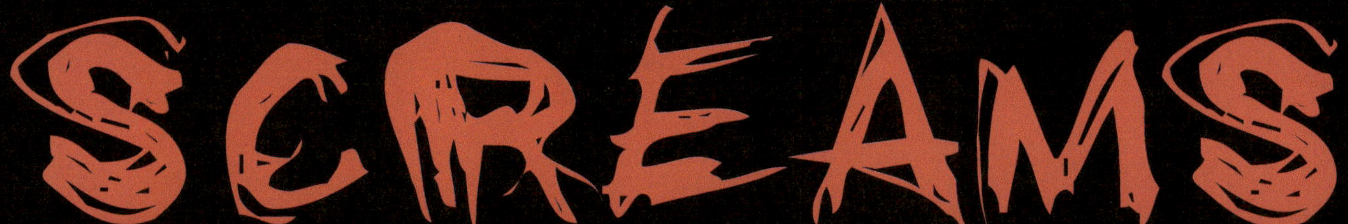

CINEGRAPHIC
SCREAMS

2

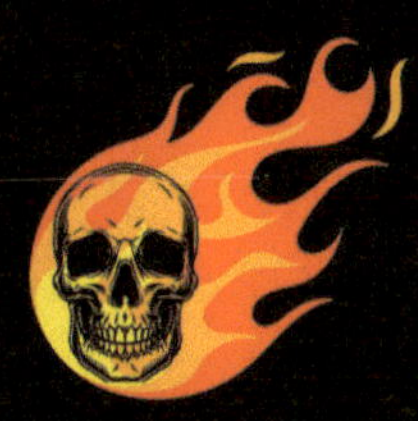

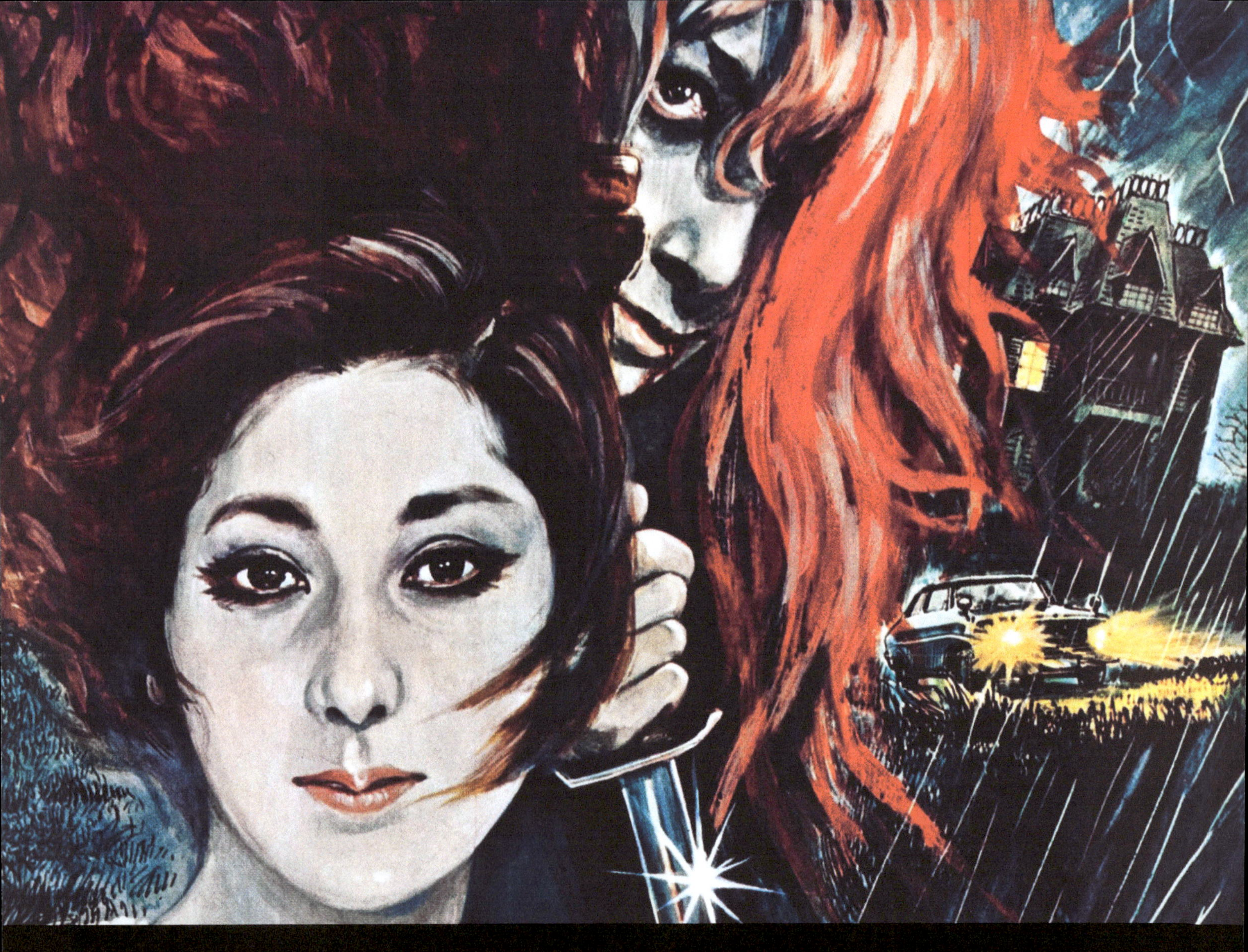

CINEGRAPHIC SCREAMS 2
EDITED BY KAGAMI JIGOKU KOBAYASHI
ISBN : 978-1-8383595-6-0
PUBLISHED BY BONEFYRE BOOKS 2023
COPYRIGHT © BONEFYRE BOOKS 2023
ALL WORLD RIGHTS RESERVED

FILM POSTER TITLES

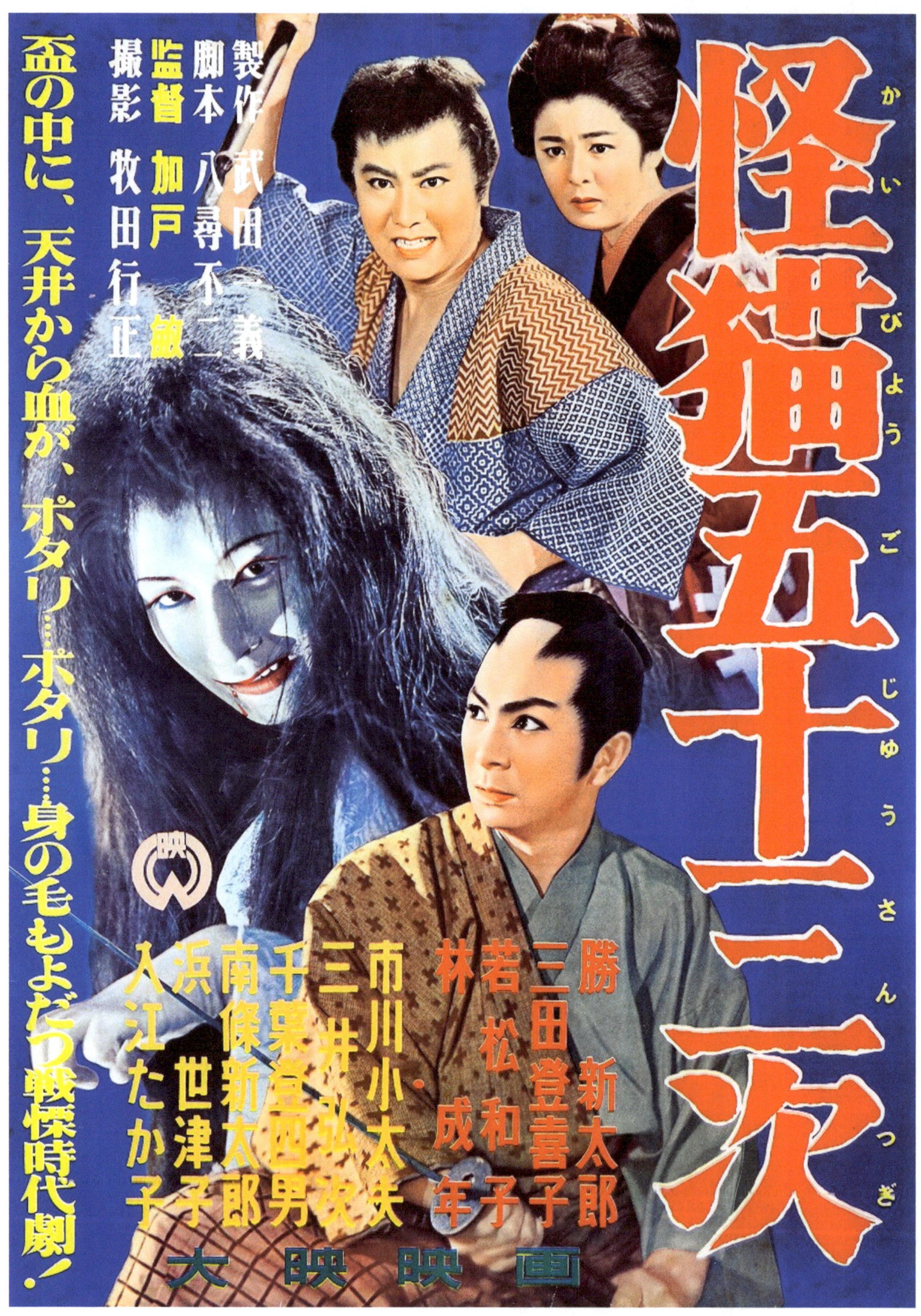

KAIBYO GOJUSAN-TSUGI
(Japan, 1956)

4

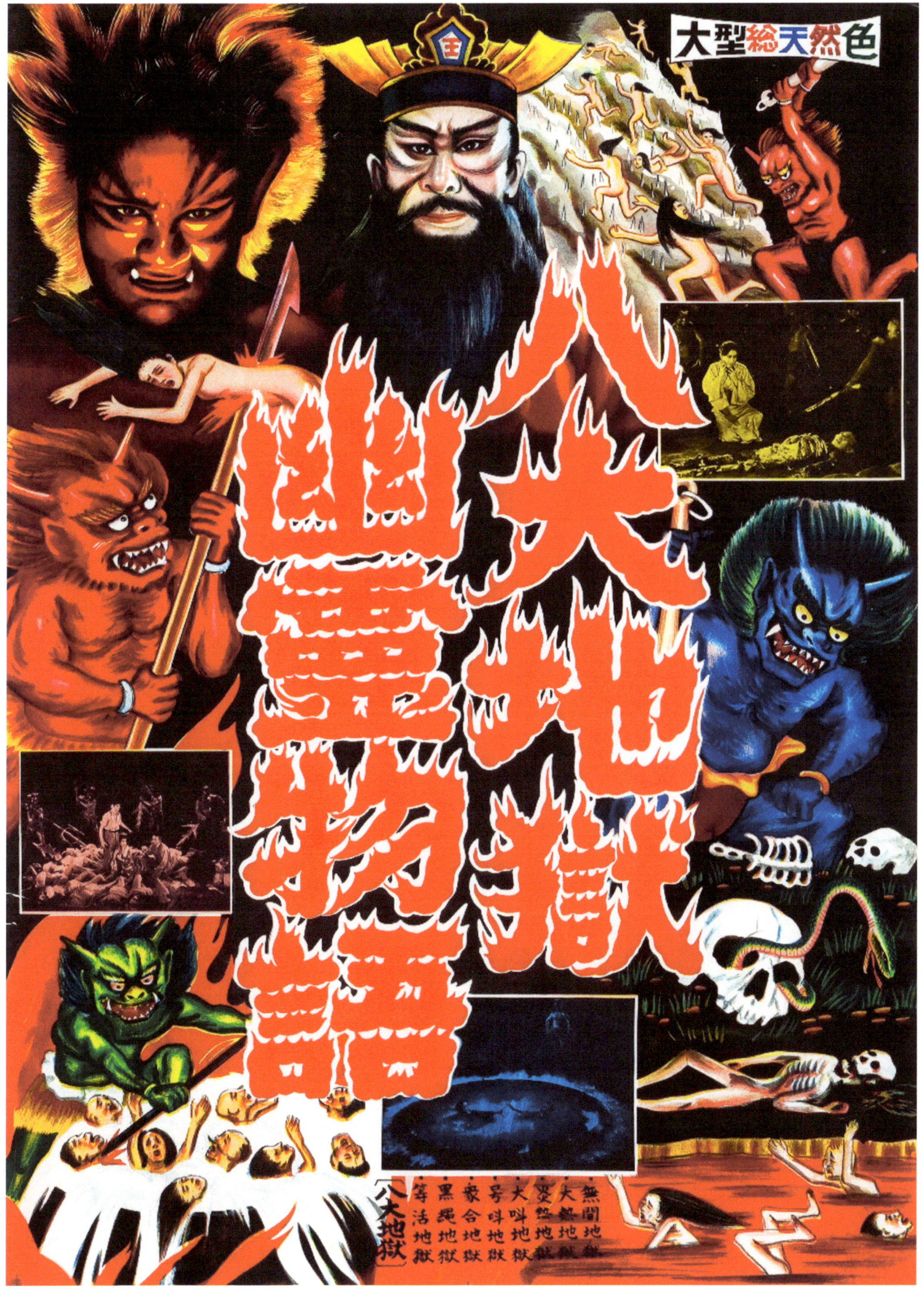
大型総天然色
八大地獄
幽霊物語
〔八大地獄〕
等活地獄
黒縄地獄
衆合地獄
叫喚地獄
大叫喚地獄
大焦熱地獄
無間地獄

JIGOKU
(Japan, 1960)

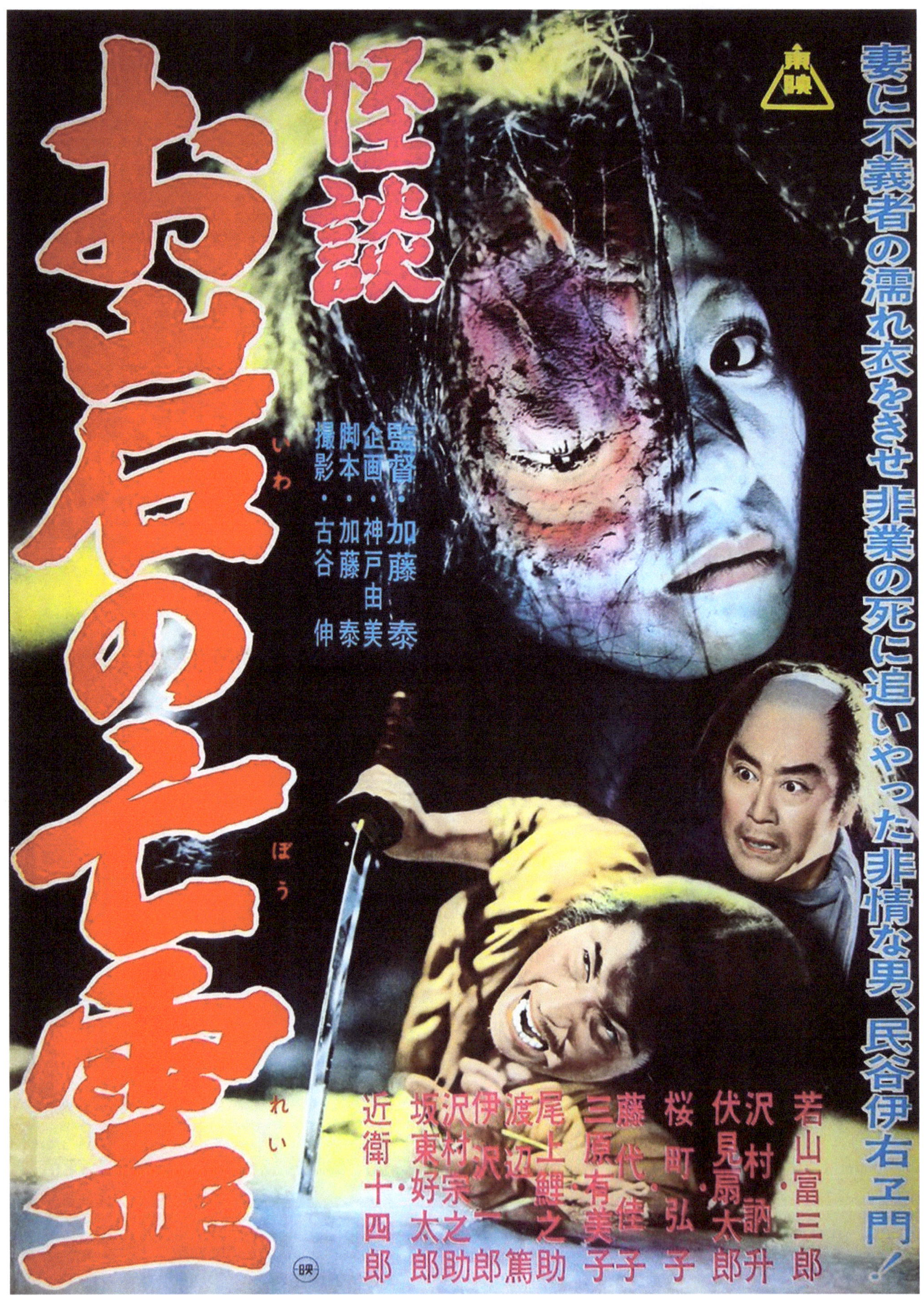

KAIDAN ONNA NO BOREI
(Japan, 1961)

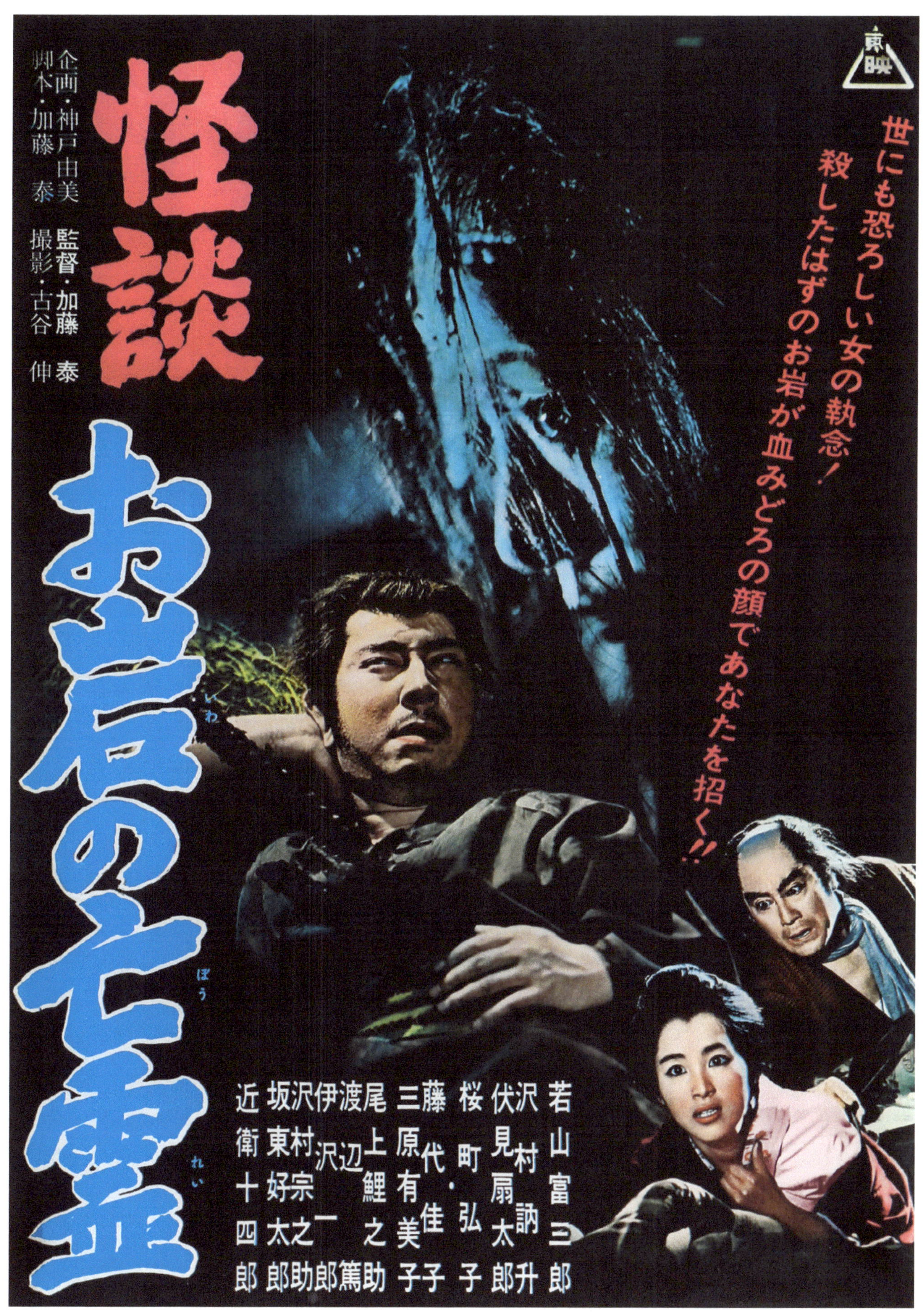

企画・神戸由美
脚本・加藤泰
監督・加藤泰
撮影・古谷　伸

怪談
お岩の亡霊

世にも恐ろしい女の執念！
殺したはずのお岩が血みどろの顔であなたを招く！！

若山富三郎
沢村訥升
伏見扇太郎
桜町弘子
藤原有美子
三原佳代子
尾上鯉之助
渡辺一
伊沢宗之助
沢東好太郎
坂東好太郎
近衛十四郎

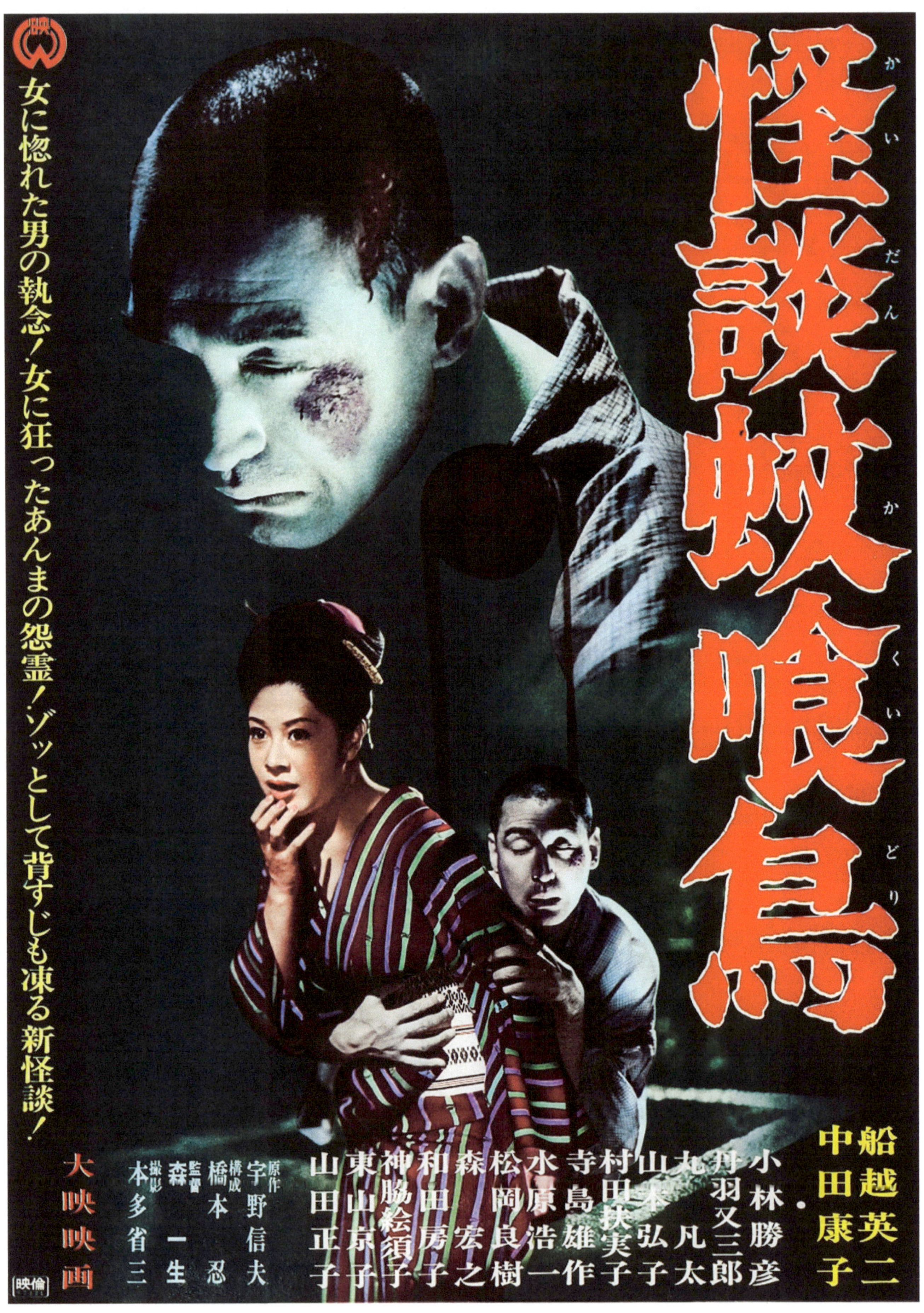

KAIDAN KAKUI-DORI
(Japan, 1961)

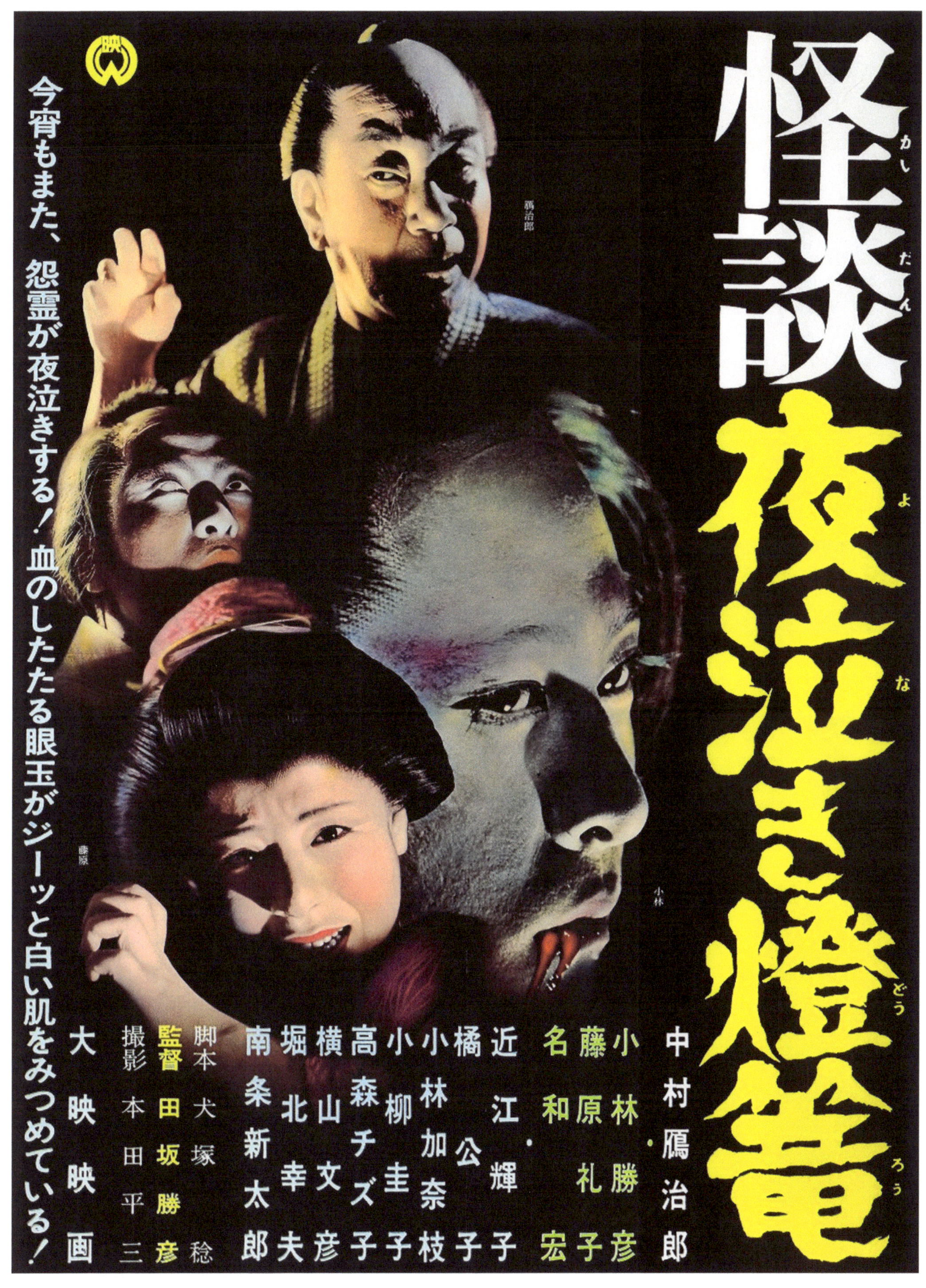

KAIDAN YONAKI-DORO
(Japan, 1962)

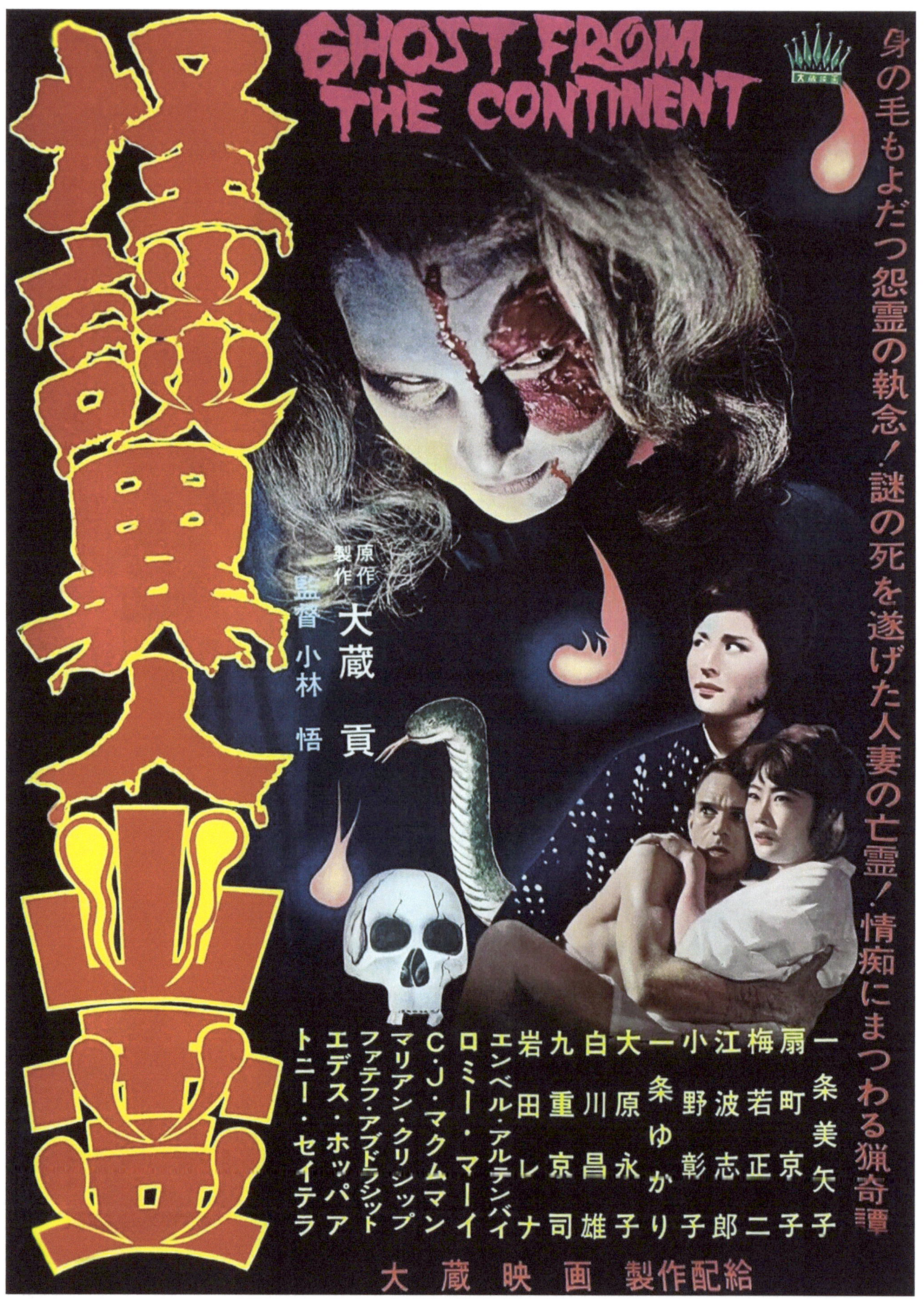

KAIDAN IJIN YUREI
(Japan, 1963)

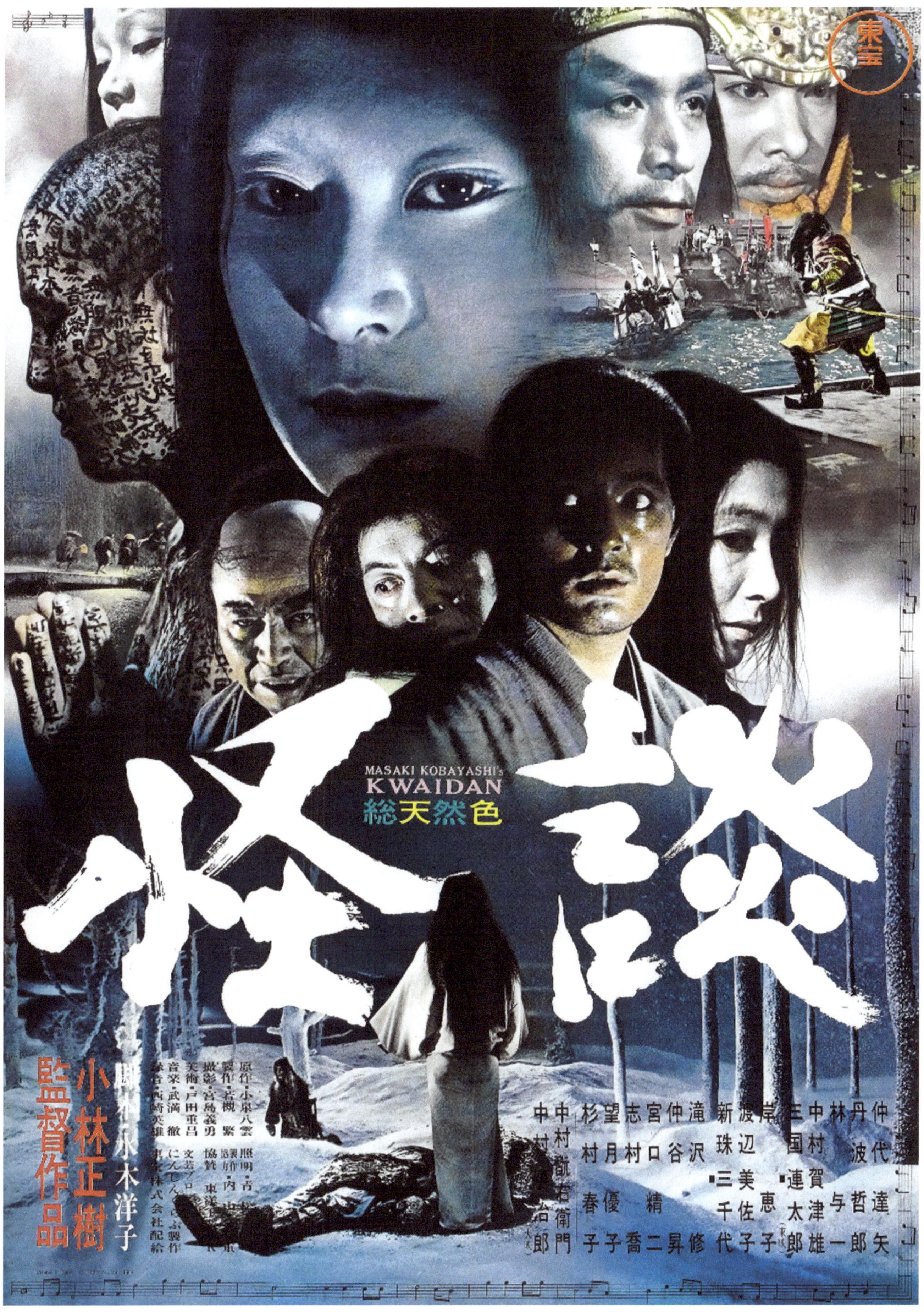

MASAKI KOBAYASHI's
KWAIDAN
総天然色
怪談

KAIDAN
(Japan, 1964)

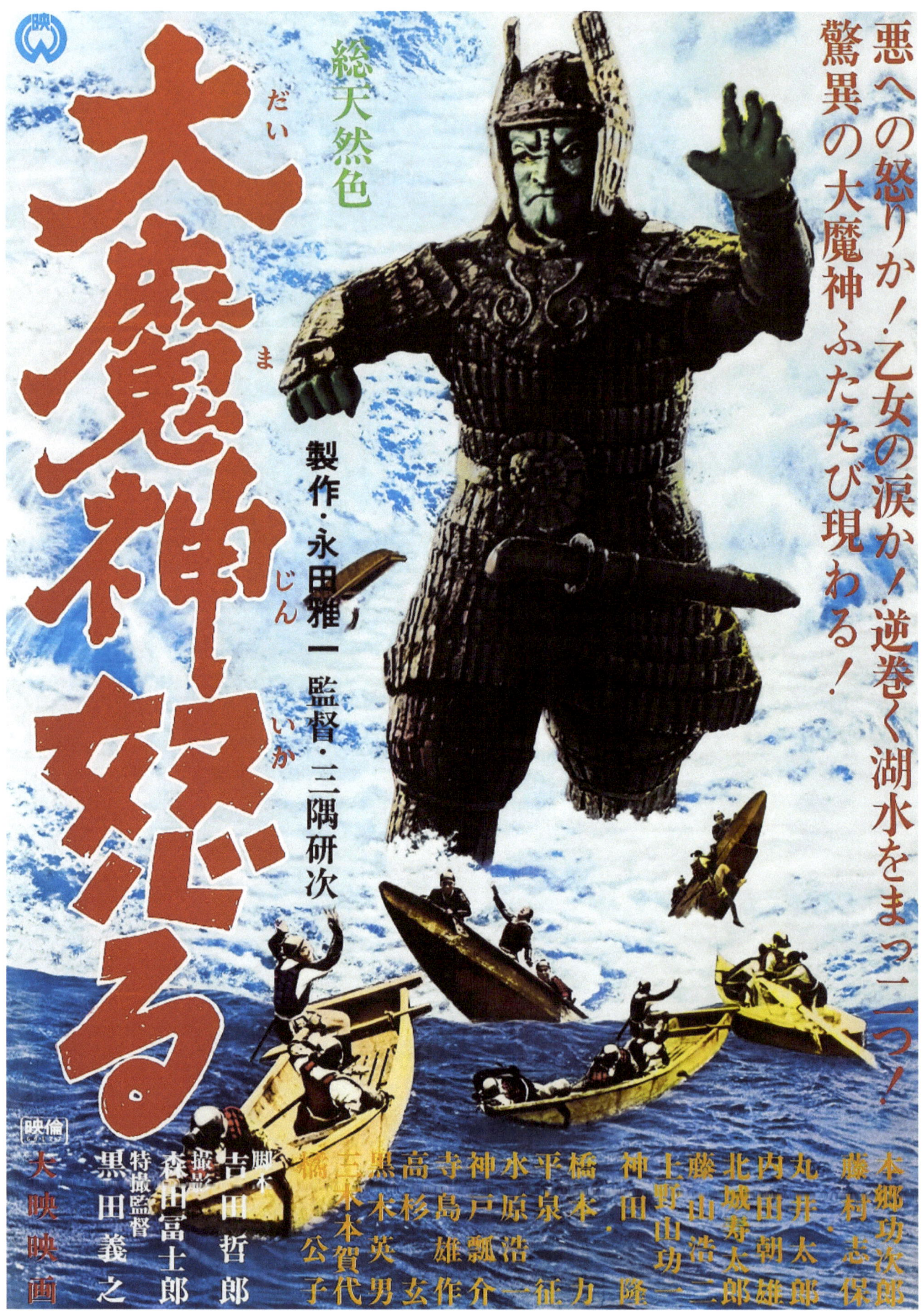

DAIMAJIN
(Japan, 1966)

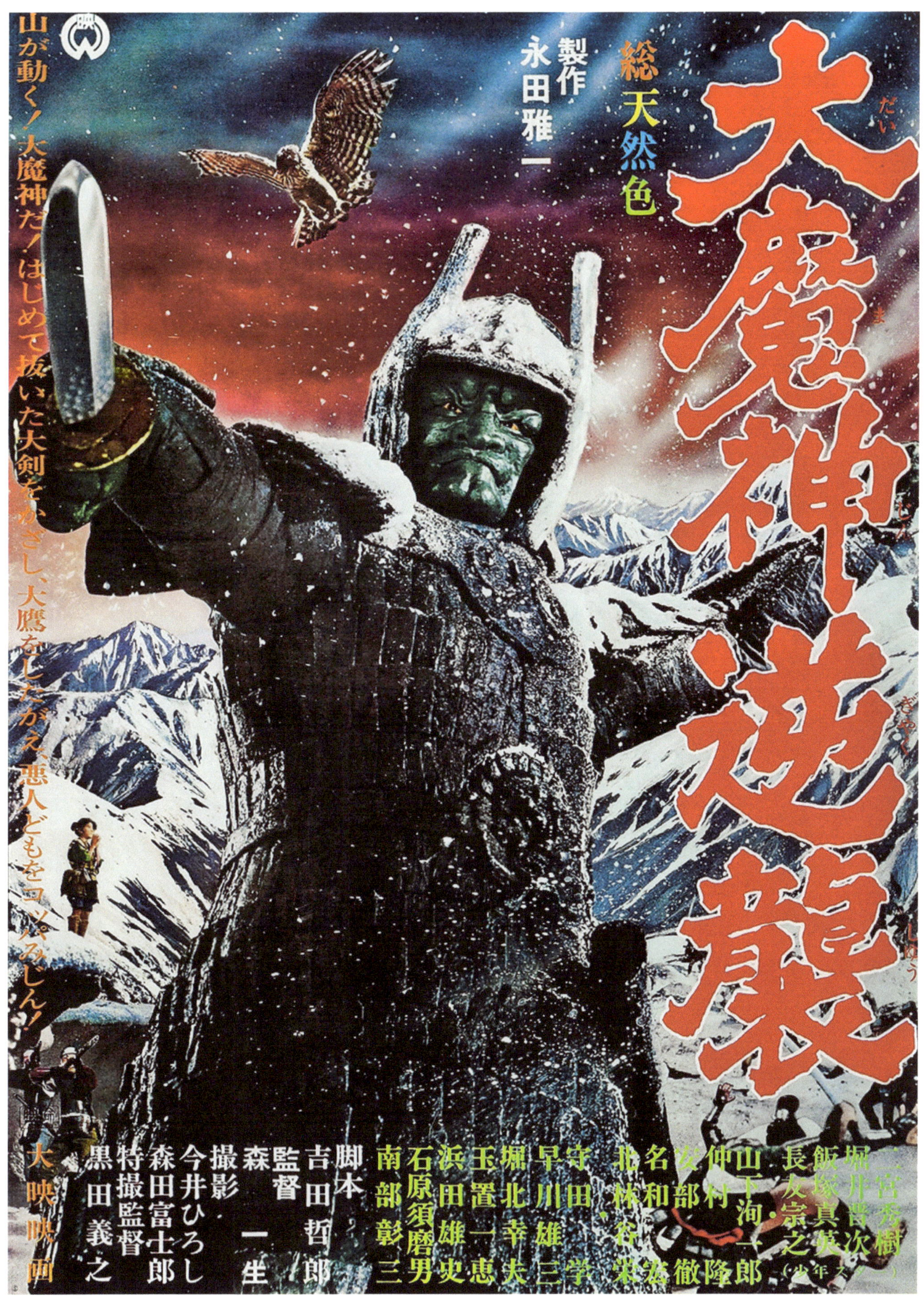

大映
総天然色
製作 永田雅一
山が動く！大魔神だ！はじめて抜いた大剣をかざし、大鷹をしたがえ悪人どもをコッパみじん！
大魔神逆襲
監督 森一生
脚本 吉田哲郎
撮影 今井ひろし
特撮監督 黒田義之
特撮 森田富士郎
南部彰三
石原須磨男
浜田雄史
玉置一恵
堀北幸夫
早川雄三
守田学
北林谷栄
名和宏
安部徹
仲村隆
山下洵一郎
長友宗之
飯塚真英
堀井曹次
二宮秀樹
大映映画

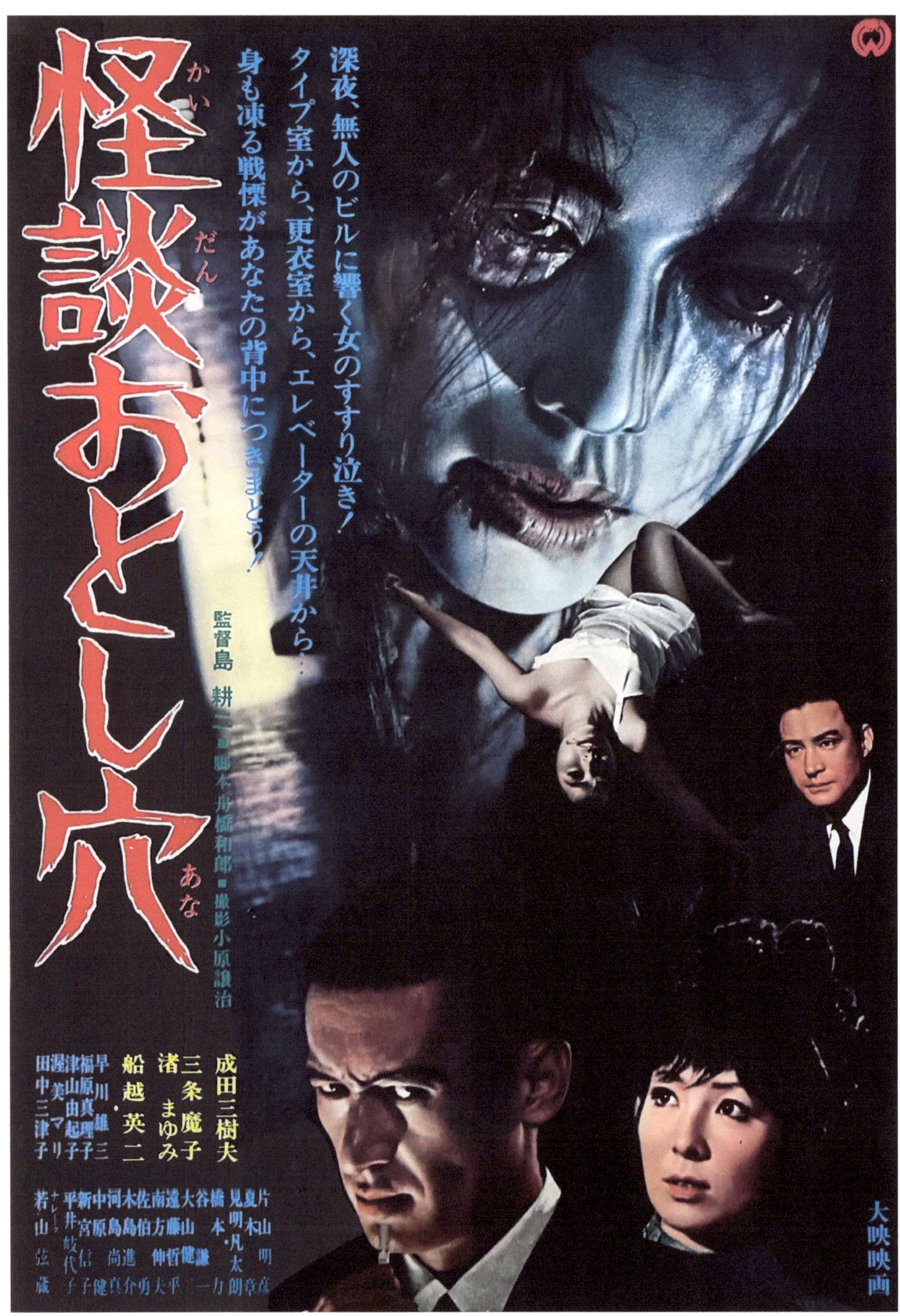

KAIDAN OTOSHIANA
(Japan, 1968)

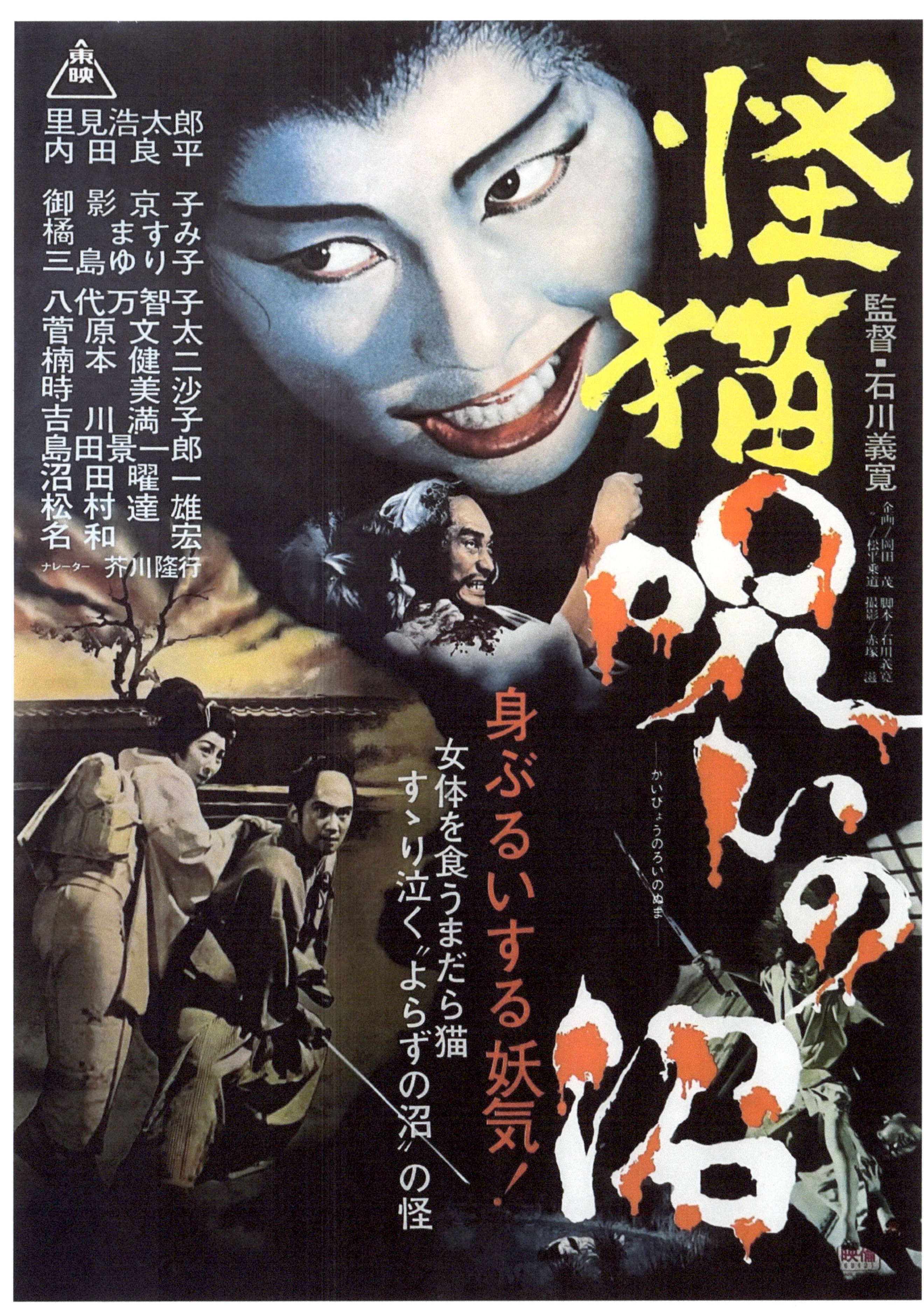
東映
怪猫呪いの沼
監督■石川義寛
身ぶるいする妖気！
女体を食うまだら猫
すゝり泣く"よらずの沼"の怪
──かいびょうのろいのぬま──

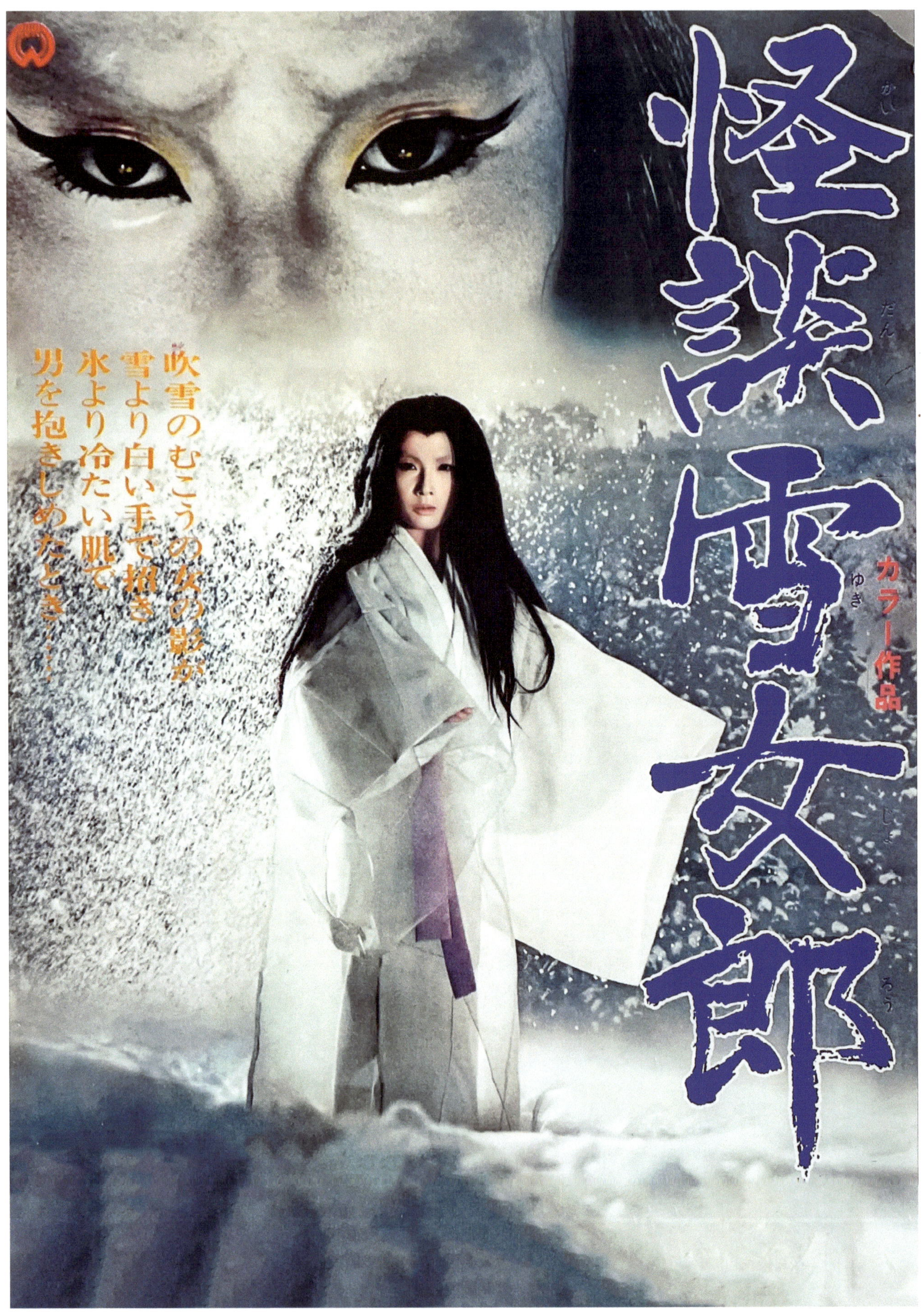

YUKI-ONNA
(Japan, 1968)

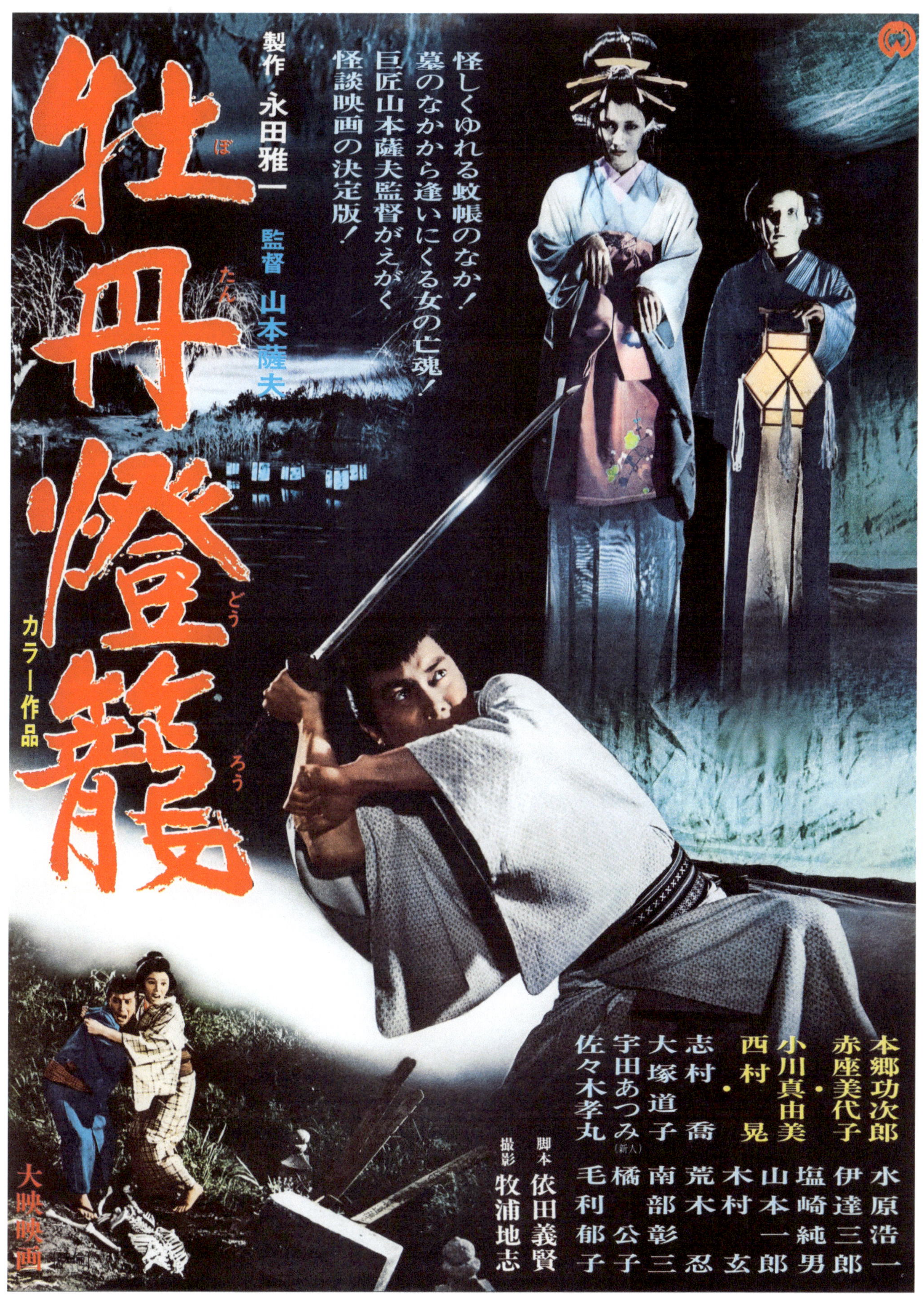

BOTAN-DORO
(Japan, 1968)

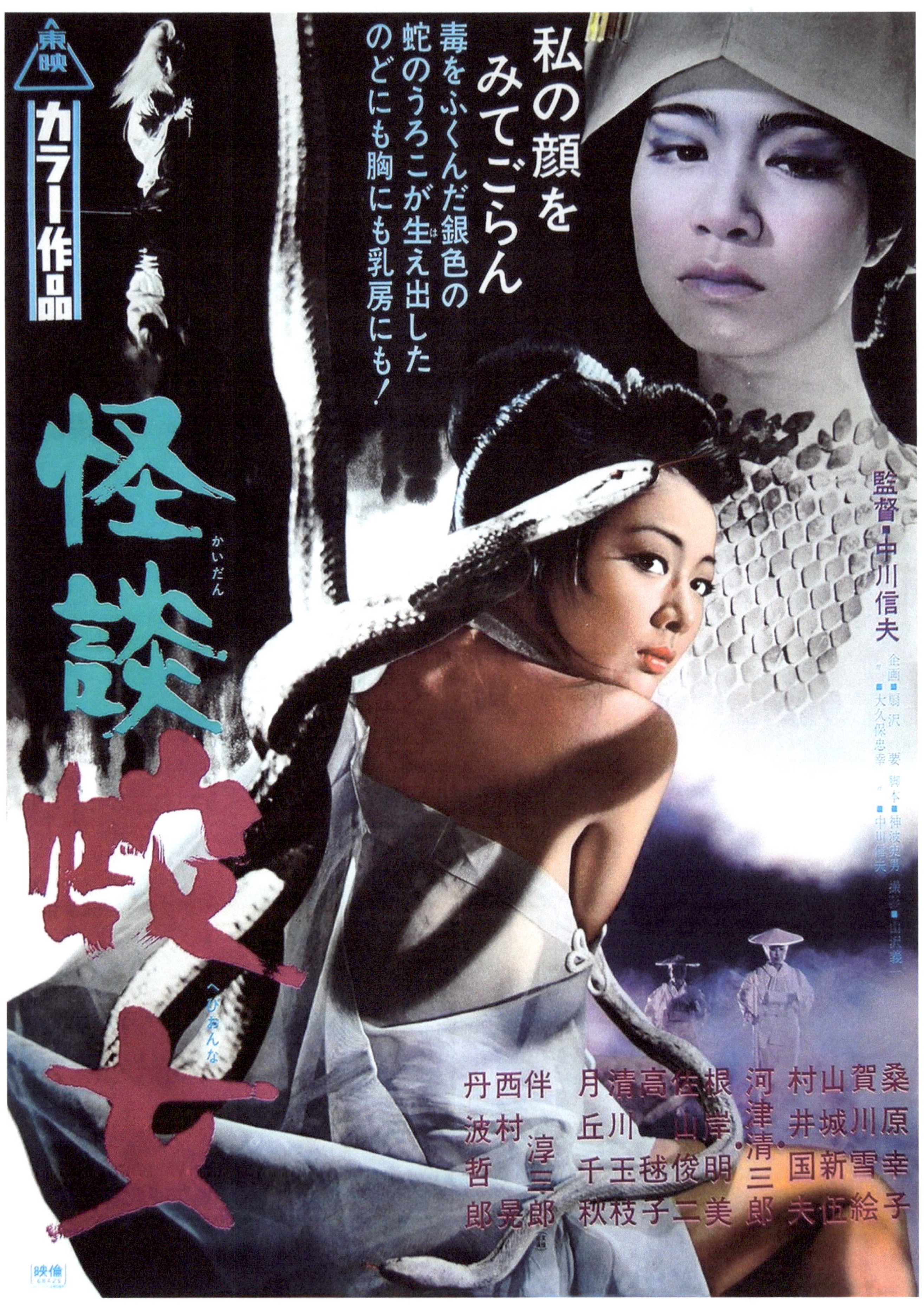

KAIDAN HEBI ONNA
(Japan, 1968)

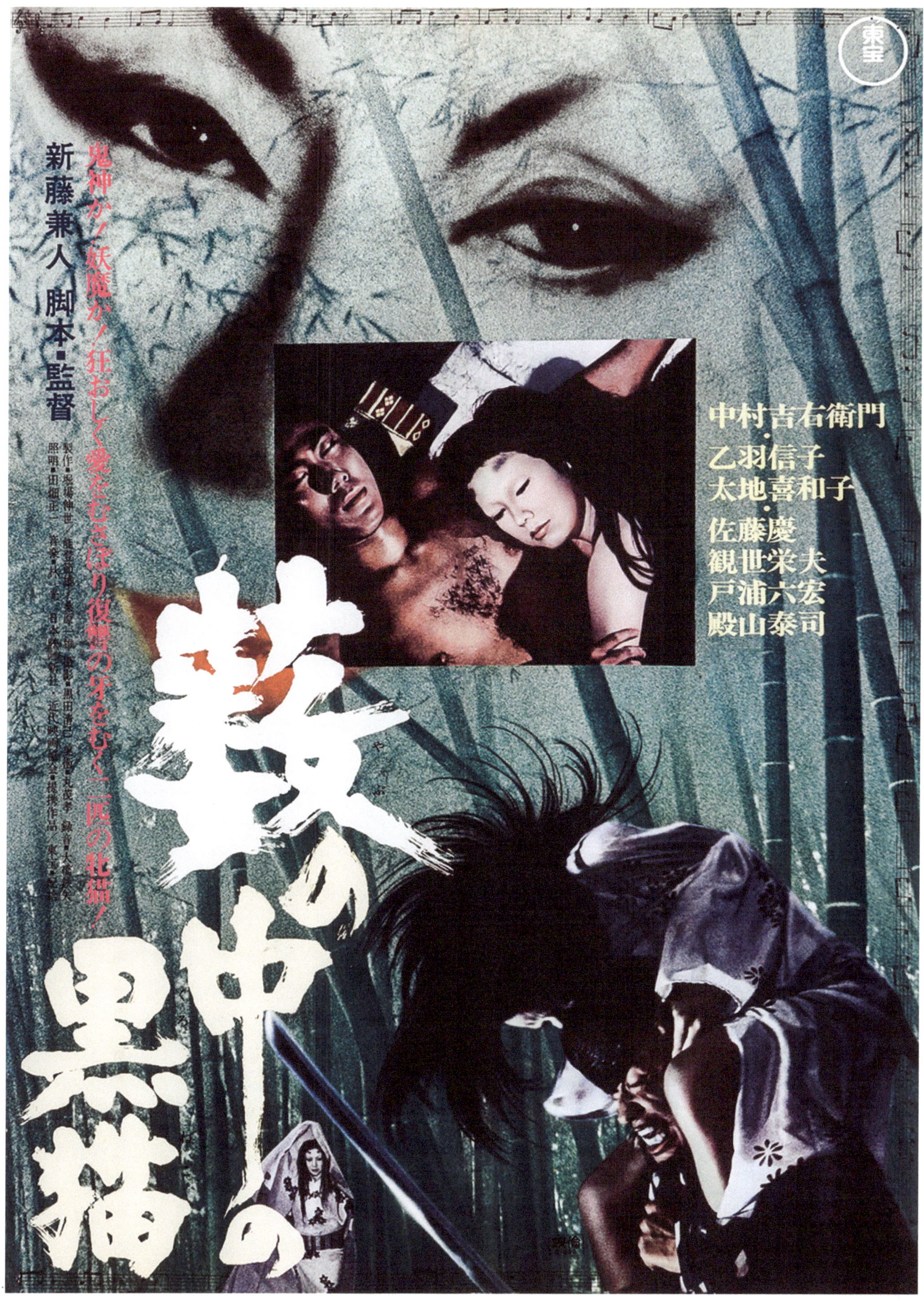
東宝
鬼神か！妖魔か！狂おしく愛をむさぼり復讐の牙をむく二匹の牝猫！
新藤兼人 脚本・監督
中村吉右衛門
乙羽信子
太地喜和子
佐藤慶
観世栄夫
戸浦六宏
殿山泰司
薮の中の黒猫

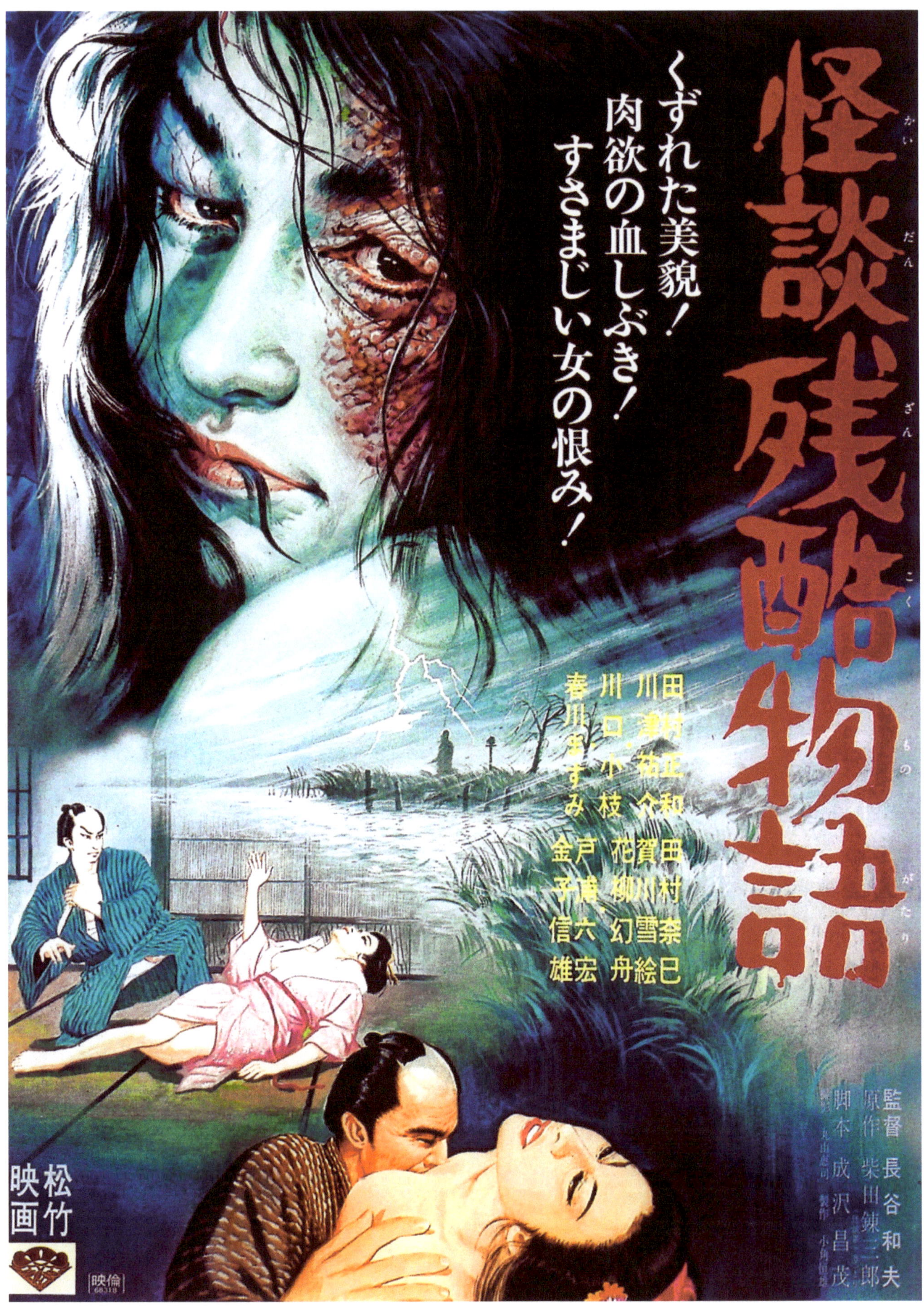

KAIDAN ZANKOKU MONOGATARI
(Japan, 1968)

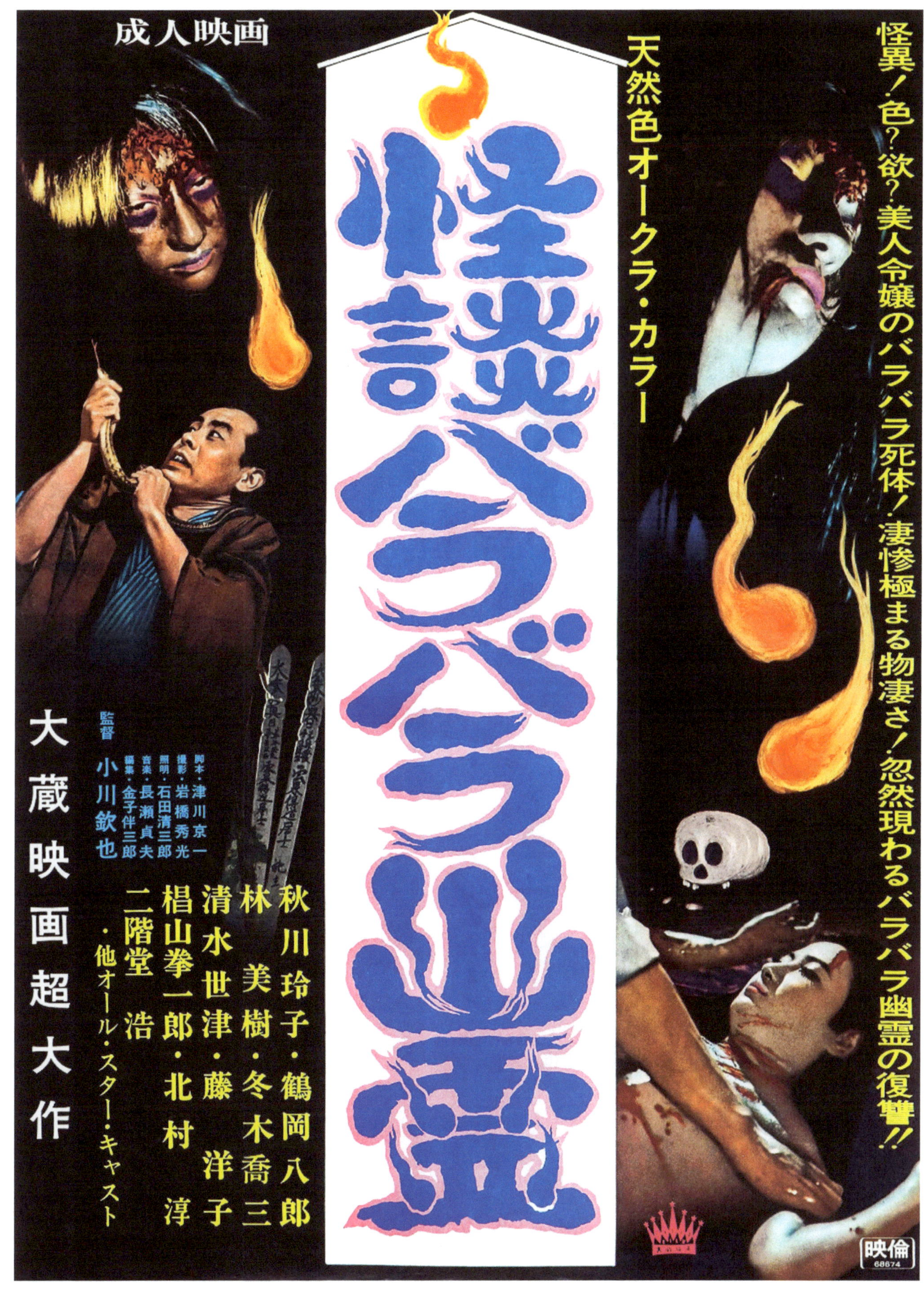

KAIDAN BARABARA YUREI
(Japan, 1968)

21

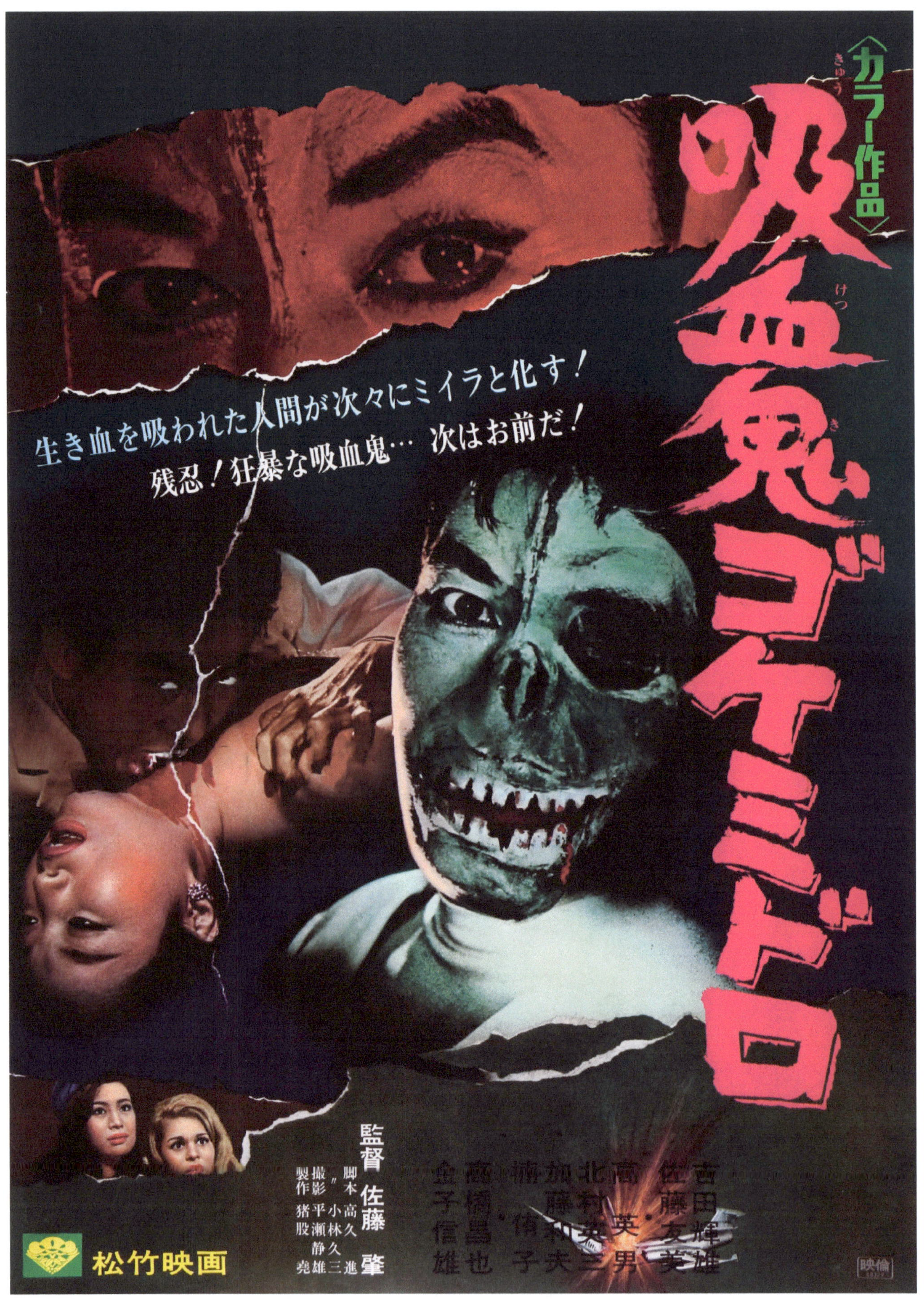

KYUKETSUKI GOKEMIDORO
(Japan, 1968)

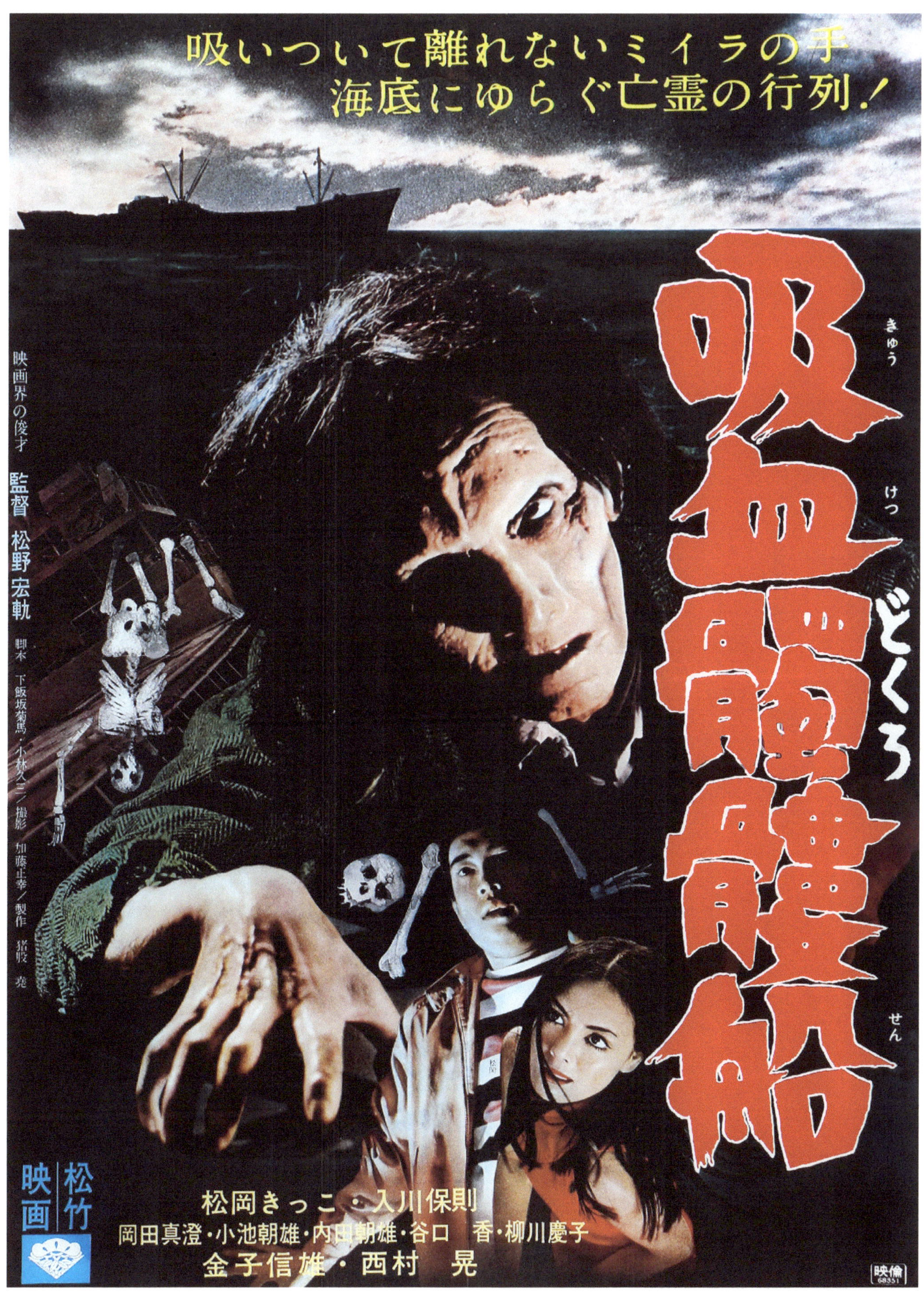

吸いついて離れないミイラの手
海底にゆらぐ亡霊の行列！
映画界の俊才
監督 松野宏軌
脚本 下飯坂菊馬・小林久三／撮影 加藤正幸／製作 猪股堯
吸血髑髏船
きゅう けつ どくろ せん
松竹映画
松岡きっこ・入川保則
岡田真澄・小池朝雄・内田朝雄・谷口　香・柳川慶子
金子信雄・西村　晃
映倫
68351

KYUKETSU DOKURO-SEN
(Japan, 1968)

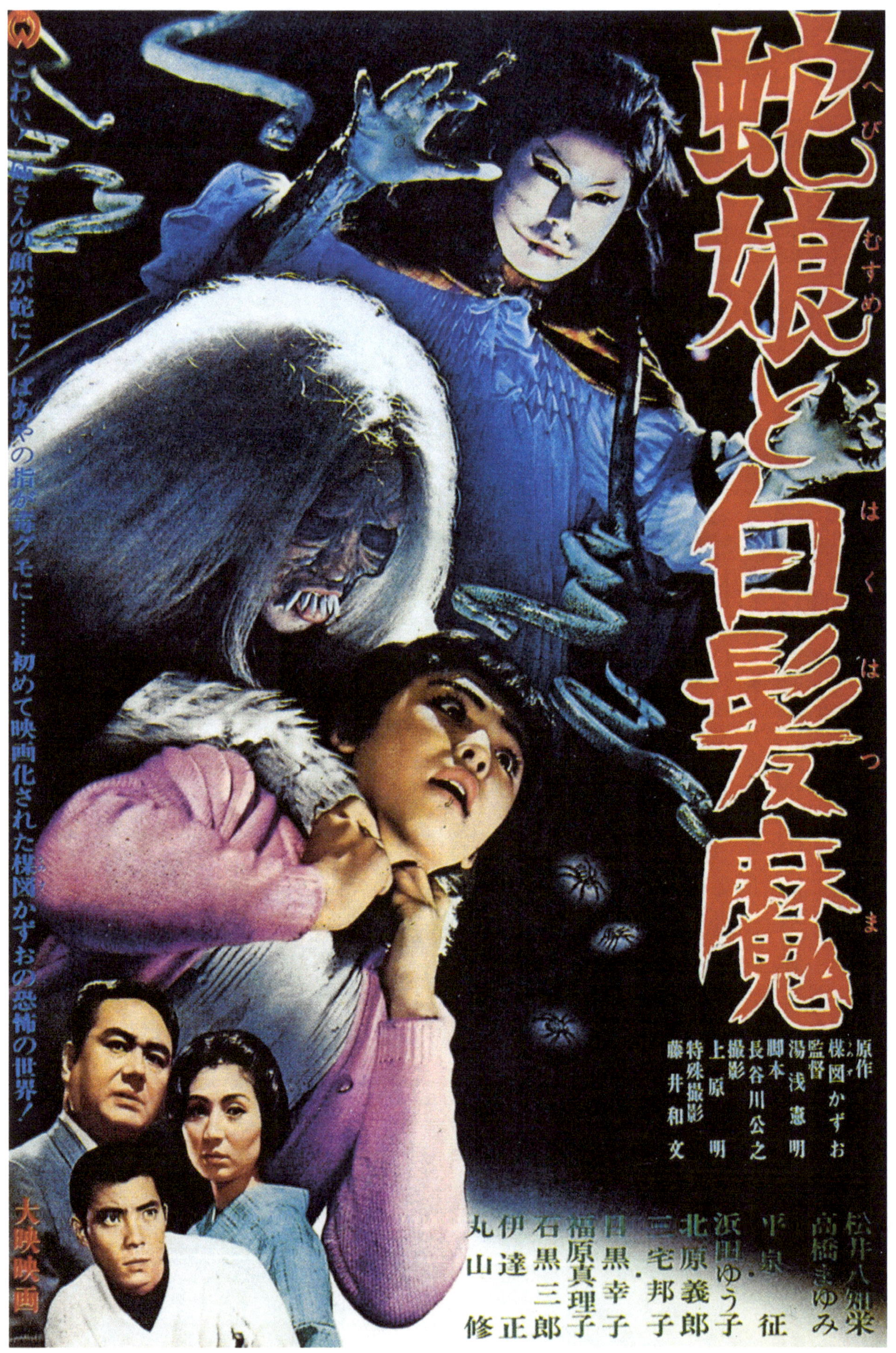

HEBI MUSUME TO HAKUHATSUKI
(Japan, 1968)

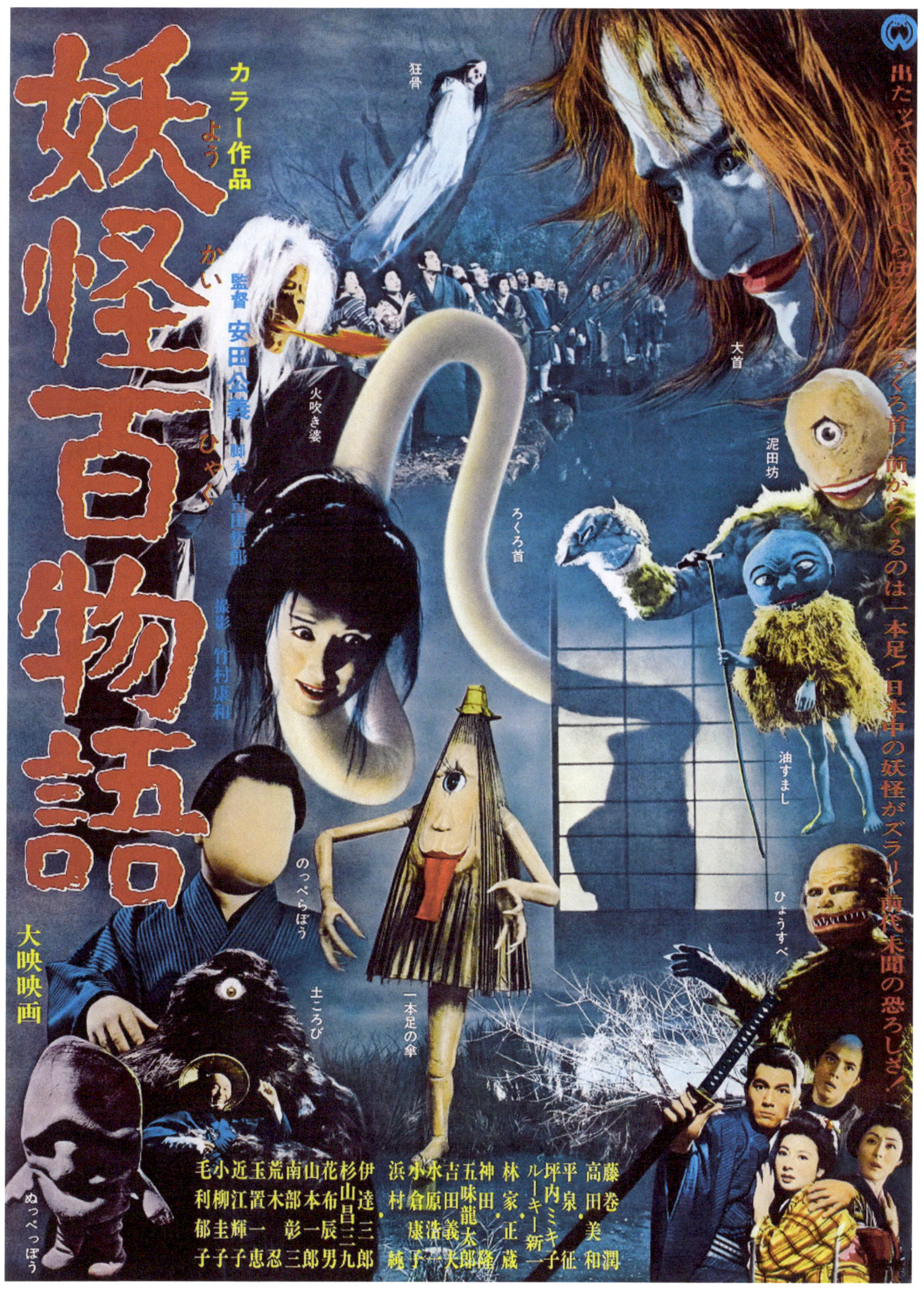

カラー作品
妖怪百物語
監督 安田公義
大映映画
狂骨
火吹き姿
ろくろ首
のっぺらぼう
土ころび
一本足の傘
ぬっぺっぽう
大首
泥田坊
油すまし
ひょうすべ

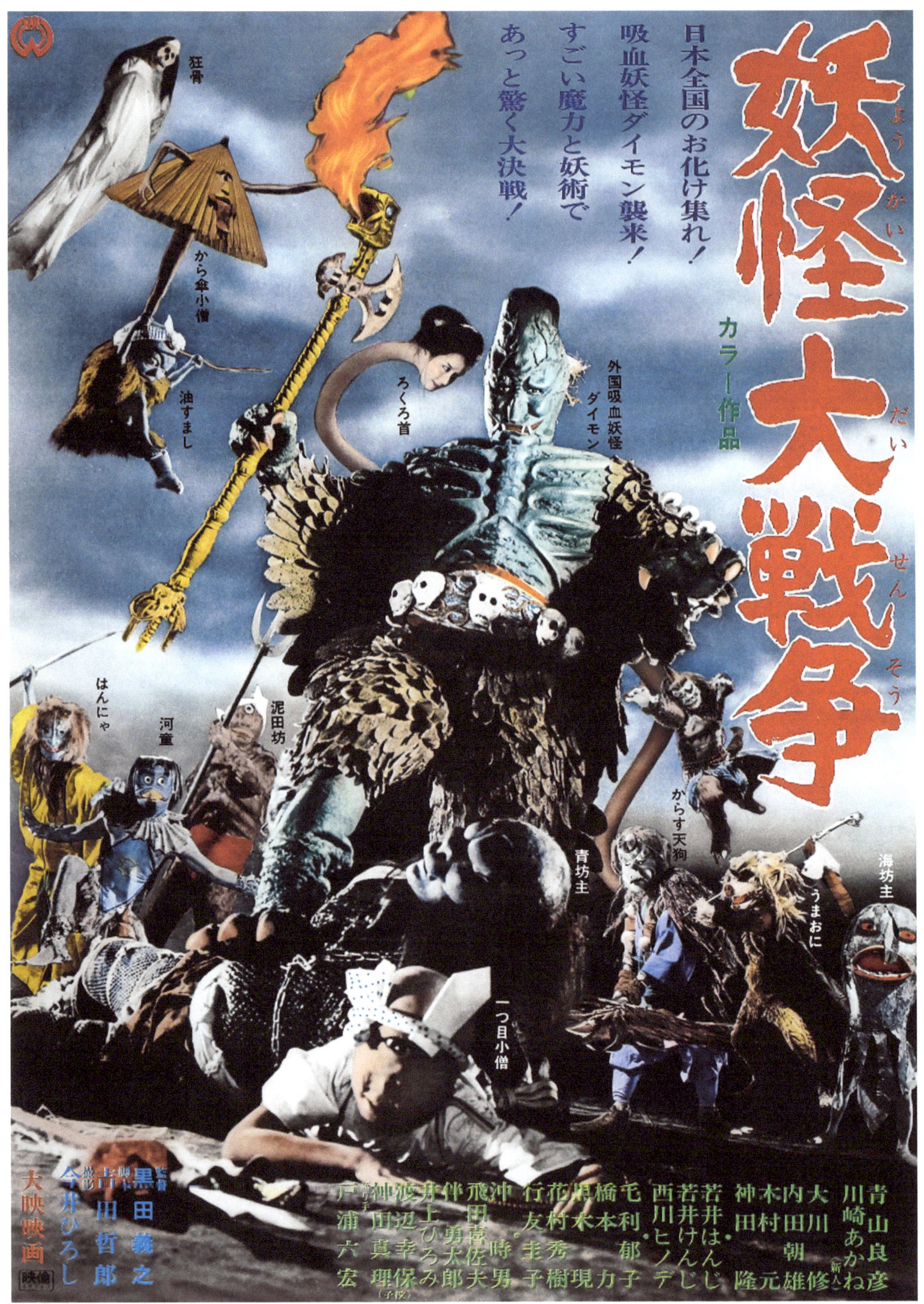

YOKAI DAISENSO
(Japan, 1968)

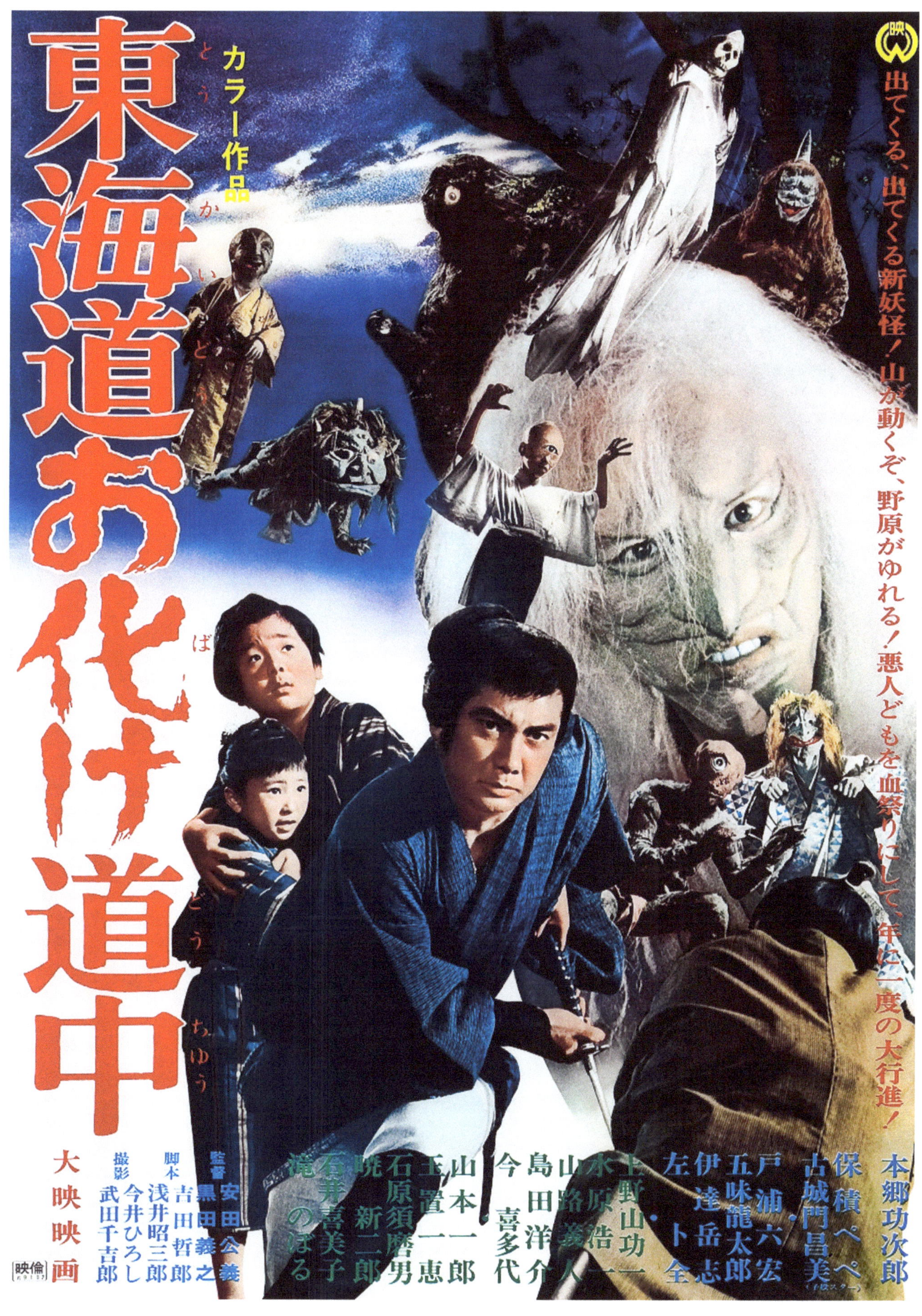

TOKAIDO OBAKE DOCHU
(Japan, 1969)

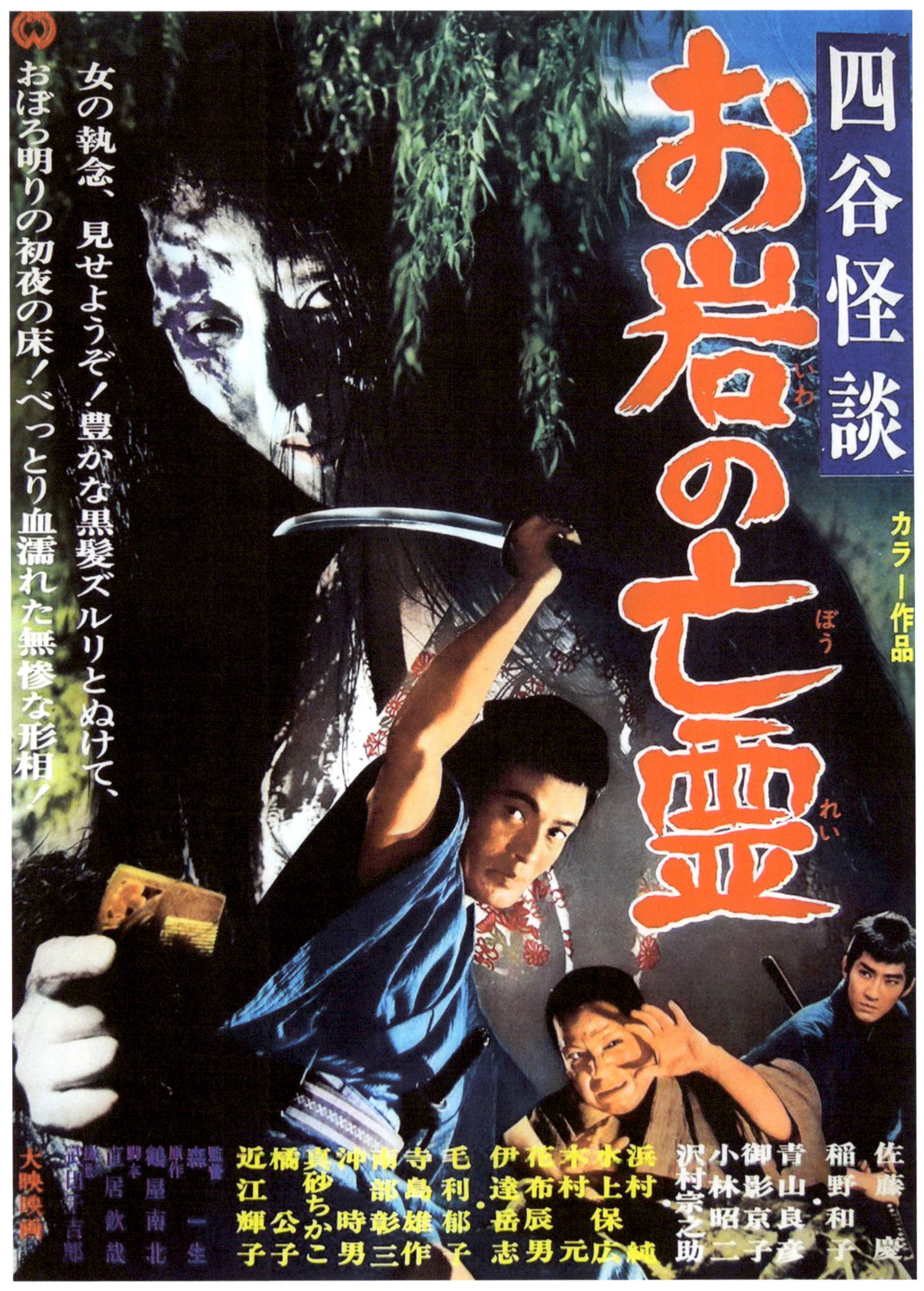

YOTSUYA KAIDAN OIWA NO BOREI
(Japan, 1969)

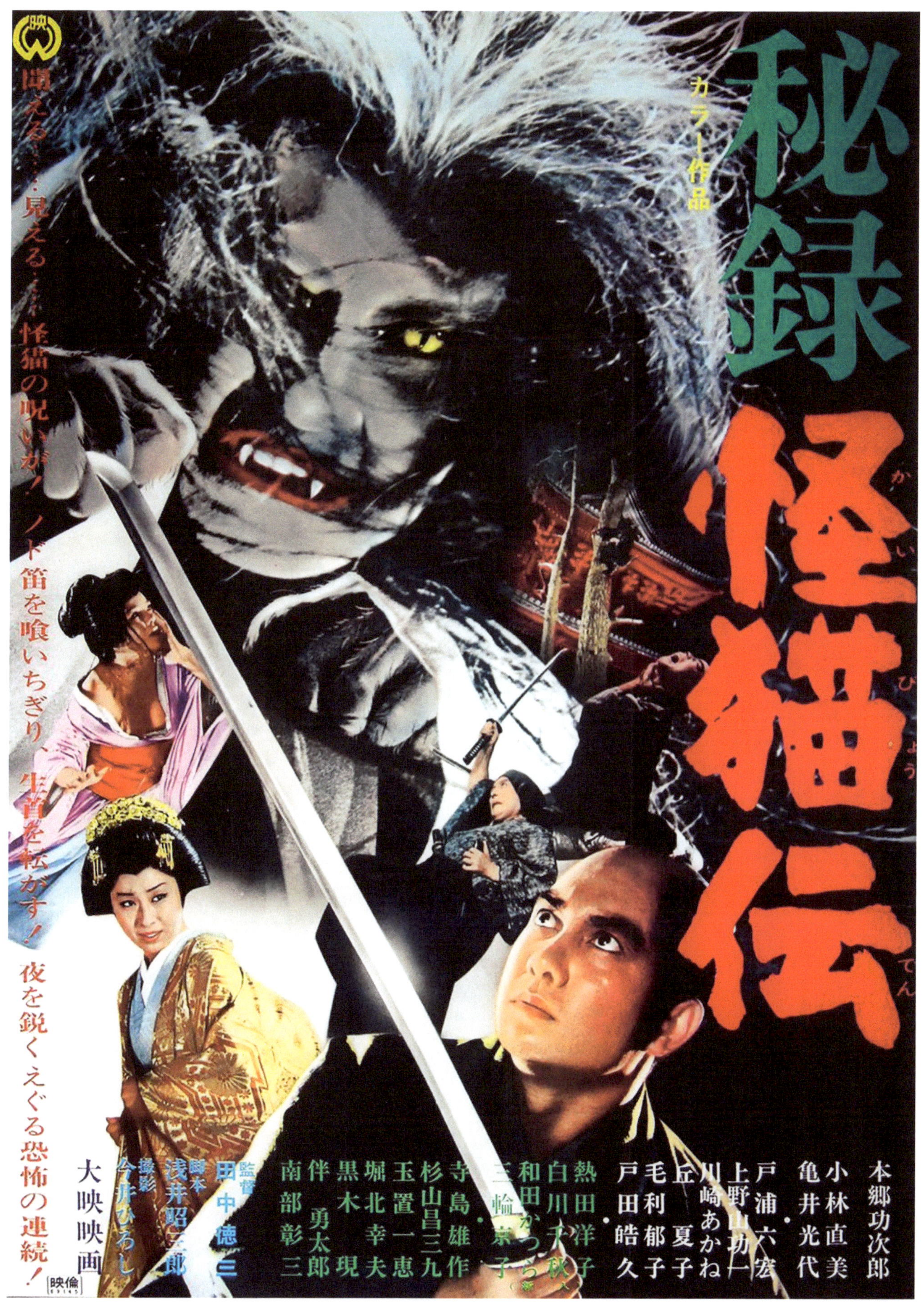
カラー作品
秘録
怪猫伝
闘える……見える……怪猫の呪いが！ノド笛を喰いちぎり 生首を転がす！
夜を鋭くえぐる恐怖の連続！
映倫

大映映画
撮影 今井ひろし
脚本 浅井昭三郎
監督 田中徳三
南部彰三
伴 勇太郎
黒木現
堀北幸夫
玉置一恵
杉山昌三九
寺島雄作
三輪京子
和田かつら
熱田洋子
白川子
毛利郁子
戸田皓久
丘夏子
川崎あかね
上野山功一
戸浦六宏
本郷功次郎
小林直美
亀井光代

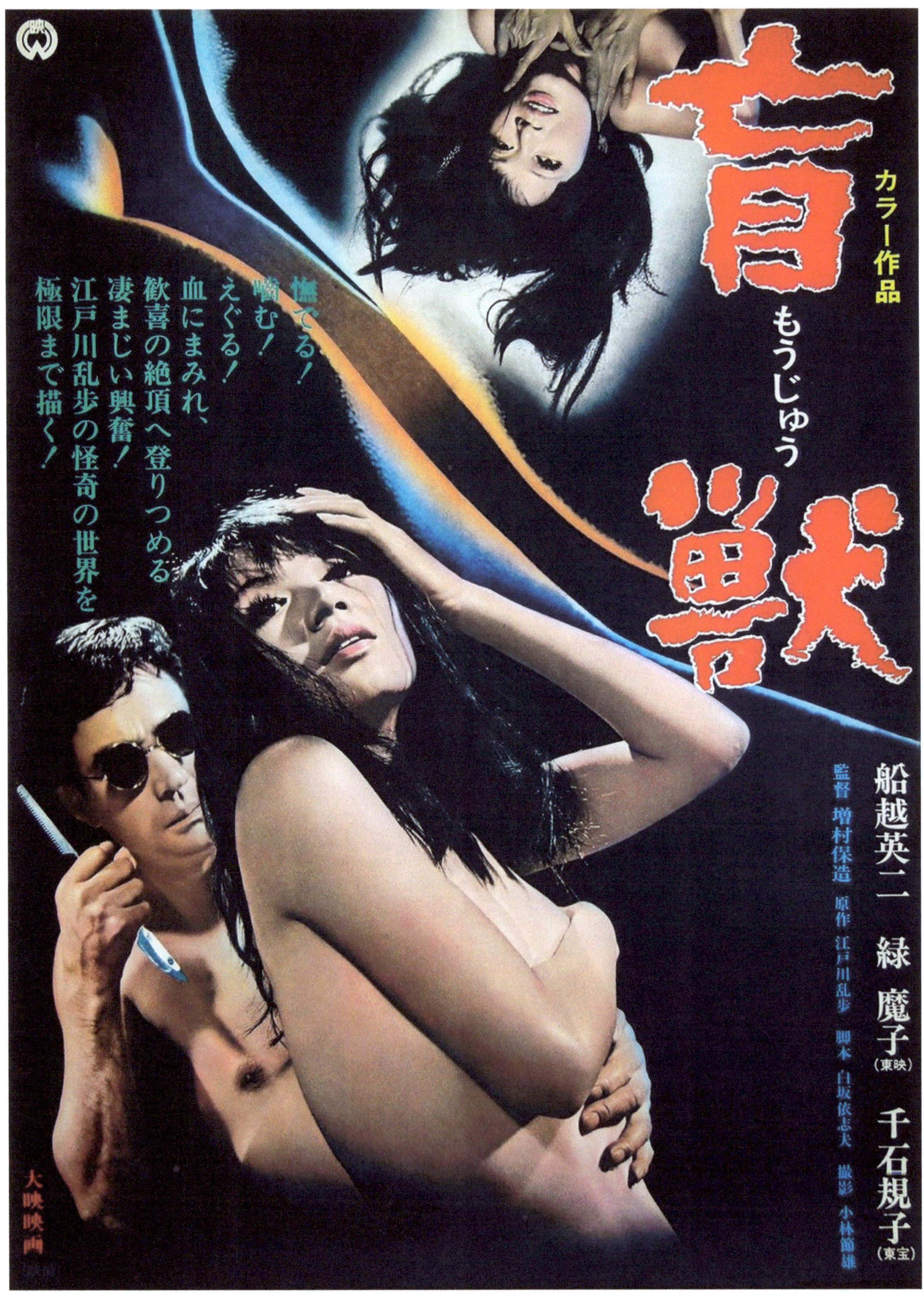

MOJU
(Japan, 1969)

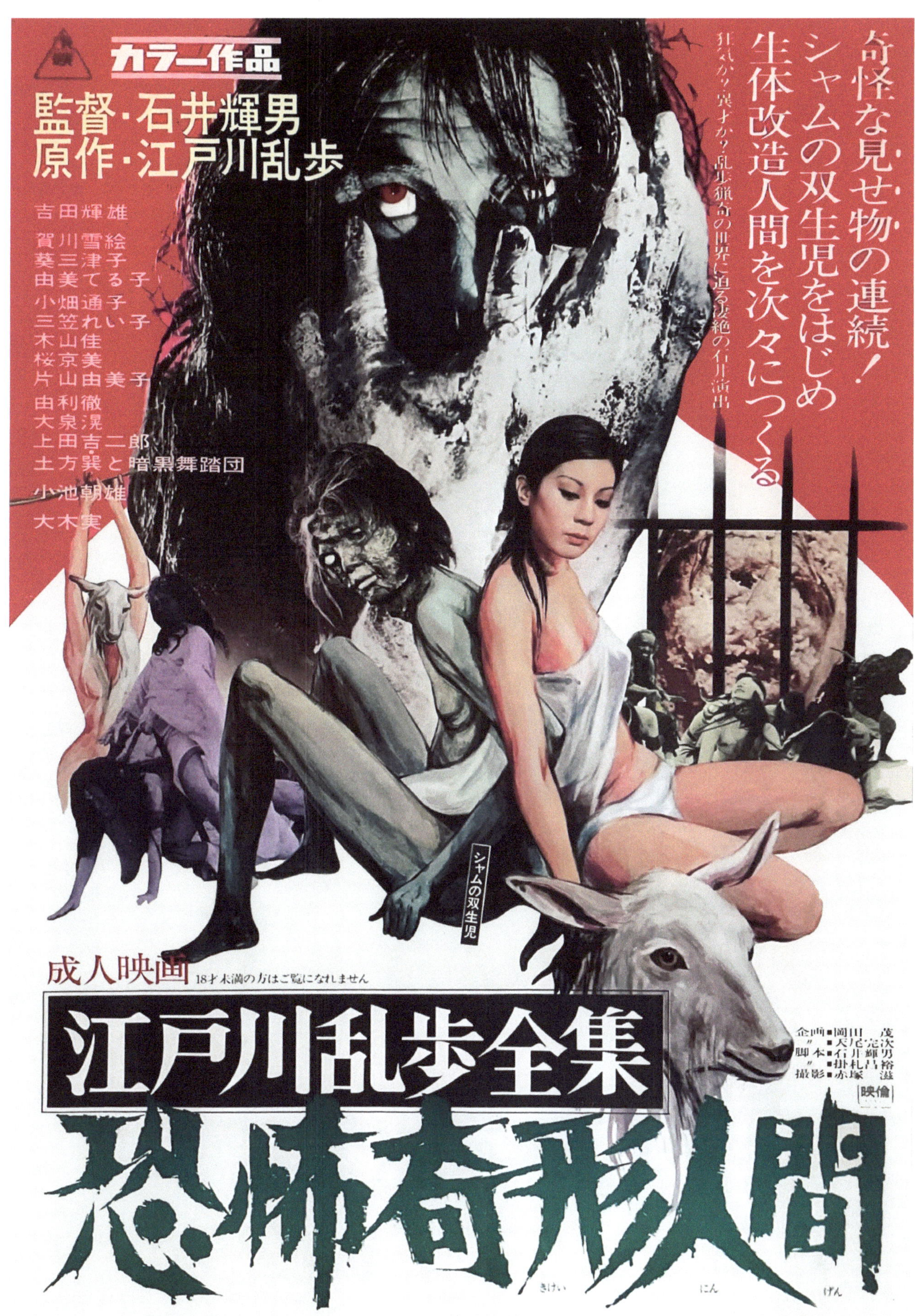
カラー作品
監督・石井輝男
原作・江戸川乱歩

吉田輝雄
賀川雪絵
葵三津子
小畑絵津子
三笠山佳代
三木京美
桜片山由美子
由利徹
大泉滉
上田吉二郎
土方巽と暗黒舞踏団
小池朝雄
大木実

奇怪な見せ物の連続！
シャムの双生児をはじめ
生体改造人間を次々につくる
狂気か？寰すか？乱生猟奇の世界に迫る凄絶の石川演出

成人映画　18才未満の方はご覧になれません
江戸川乱歩全集
恐怖奇形人間

シャムの双生児

企画■岡田　茂
天尼完次男
脚本■石川顕男
掛札昌裕
撮影■赤塚　滋

映倫

きけい　にん　げん

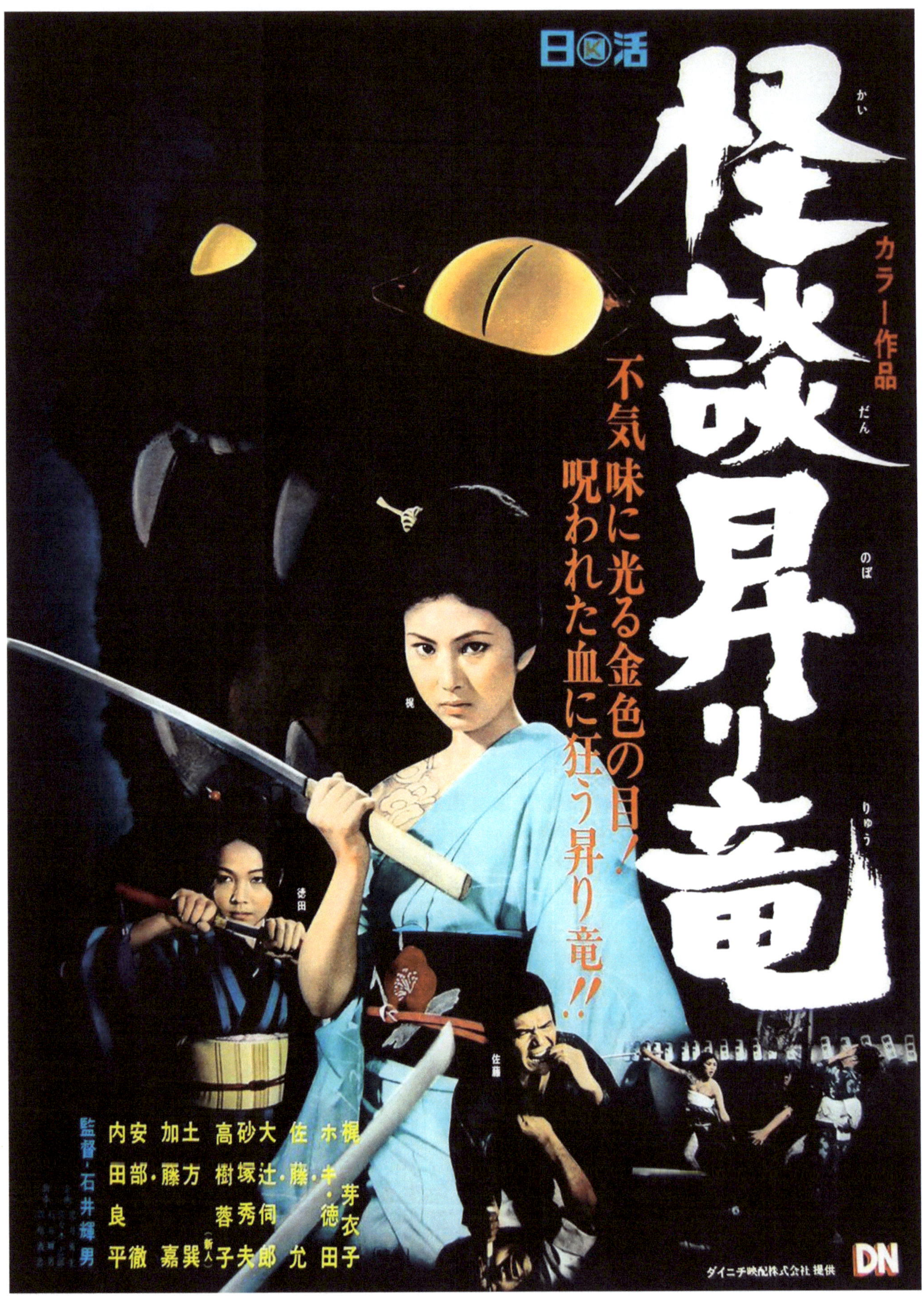

KAIDAN NOBORI RYU
(Japan, 1970)

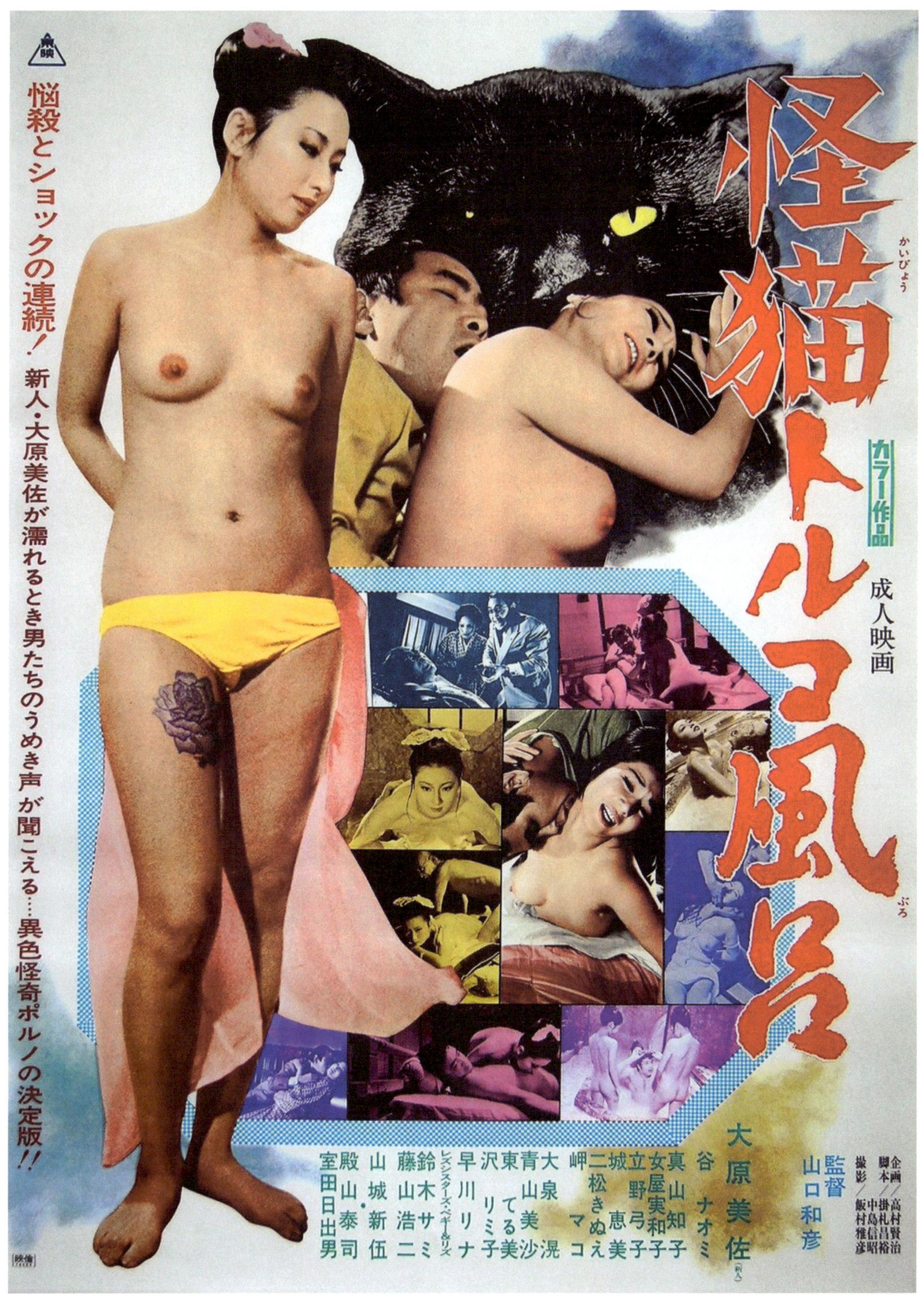

KAIBYO TORUKO-BURO
(Japan, 1975)

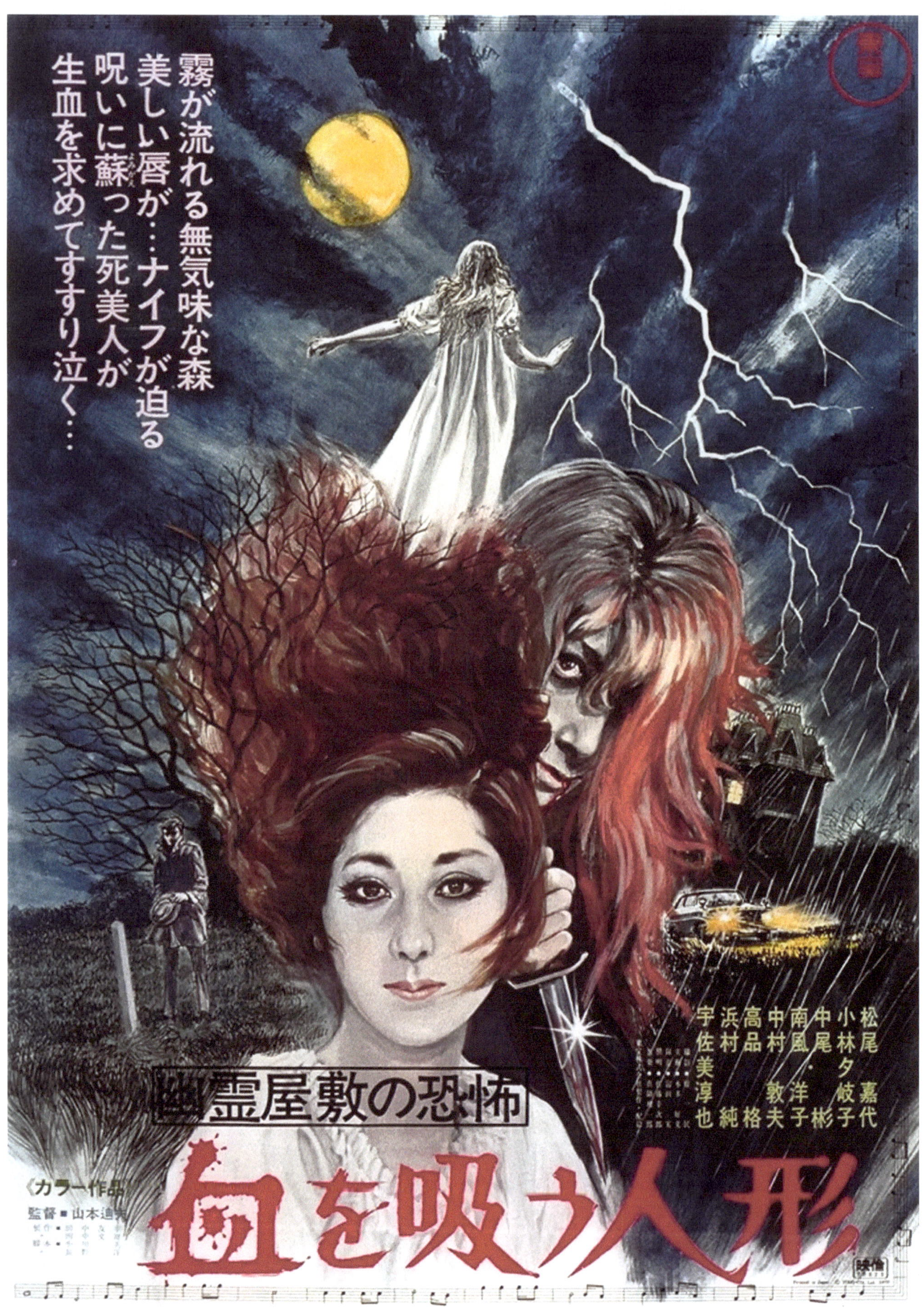

YUREI YASHIKI NO KYOFU CHI WO SU NINGYO
(Japan, 1970)

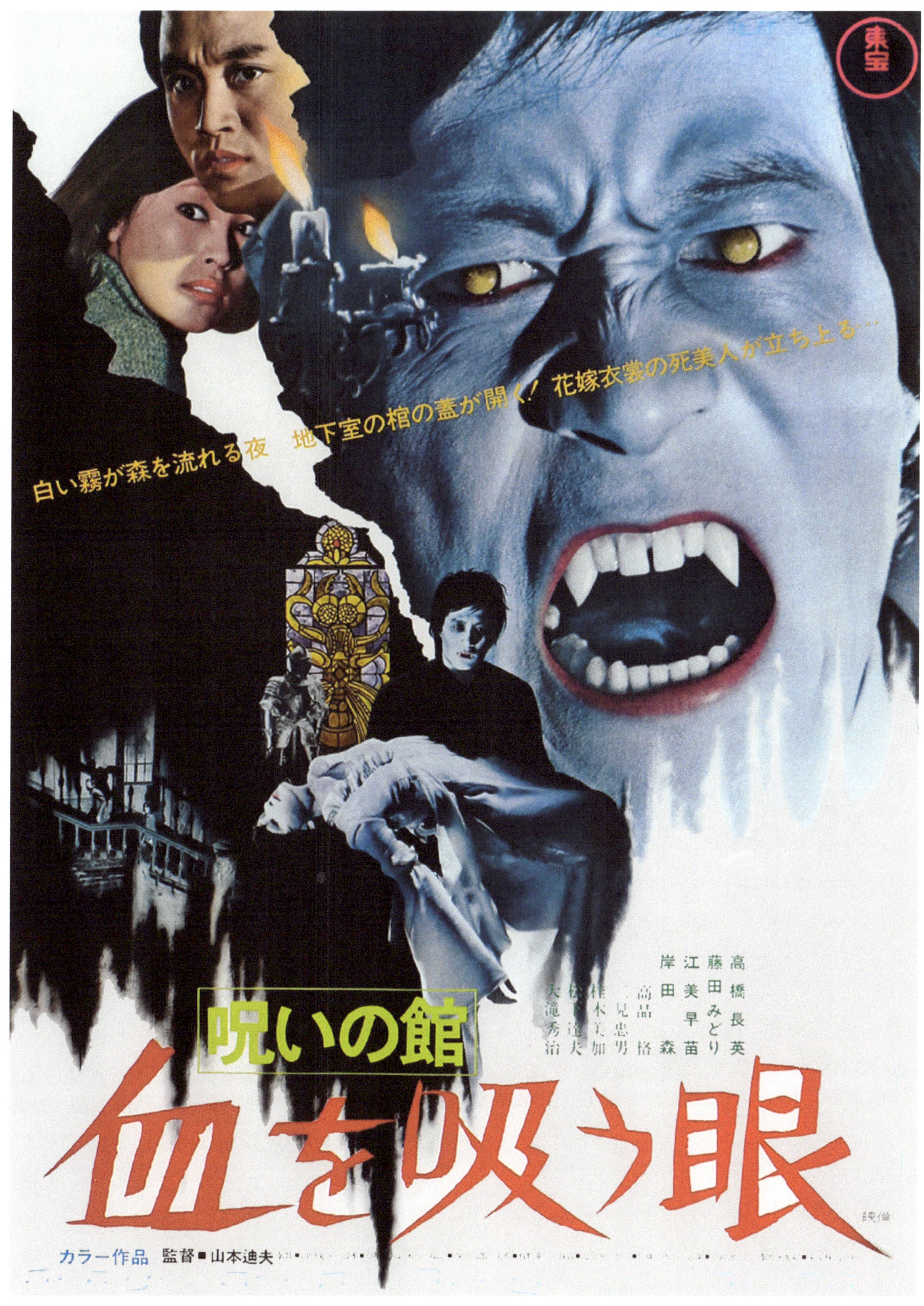
東宝
白い霧が森を流れる夜　地下室の棺の蓋が開く！　花嫁衣裳の死美人が立ち上る…
呪いの館
血を吸う眼
高橋長英
藤田みどり
江美早苗
岸田森
高品格
二見忠男
桂木美加
松木遠夫
大滝秀治
カラー作品　監督■山本迪夫
映倫

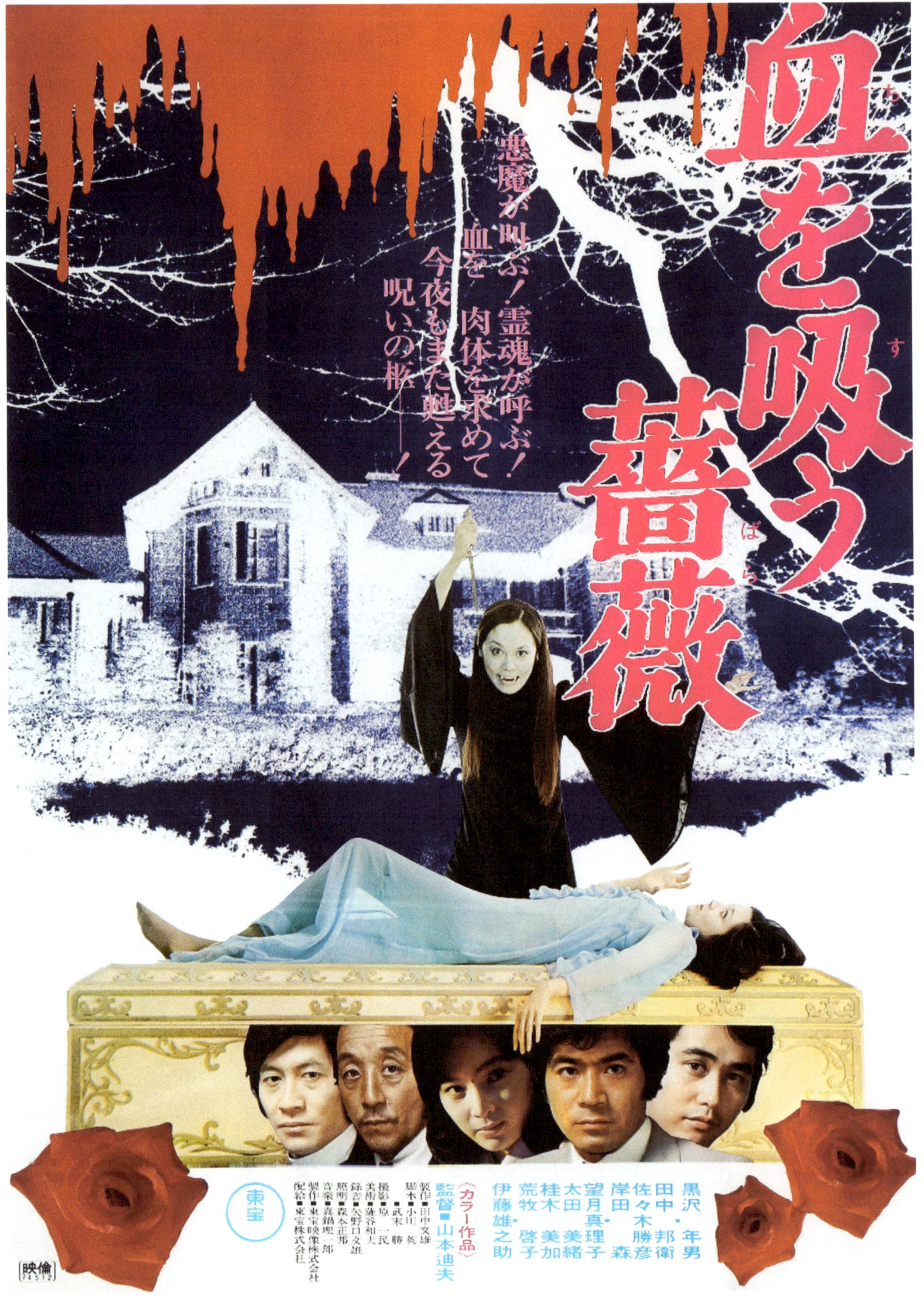

CHIWOSU BARA
(Japan, 1974)

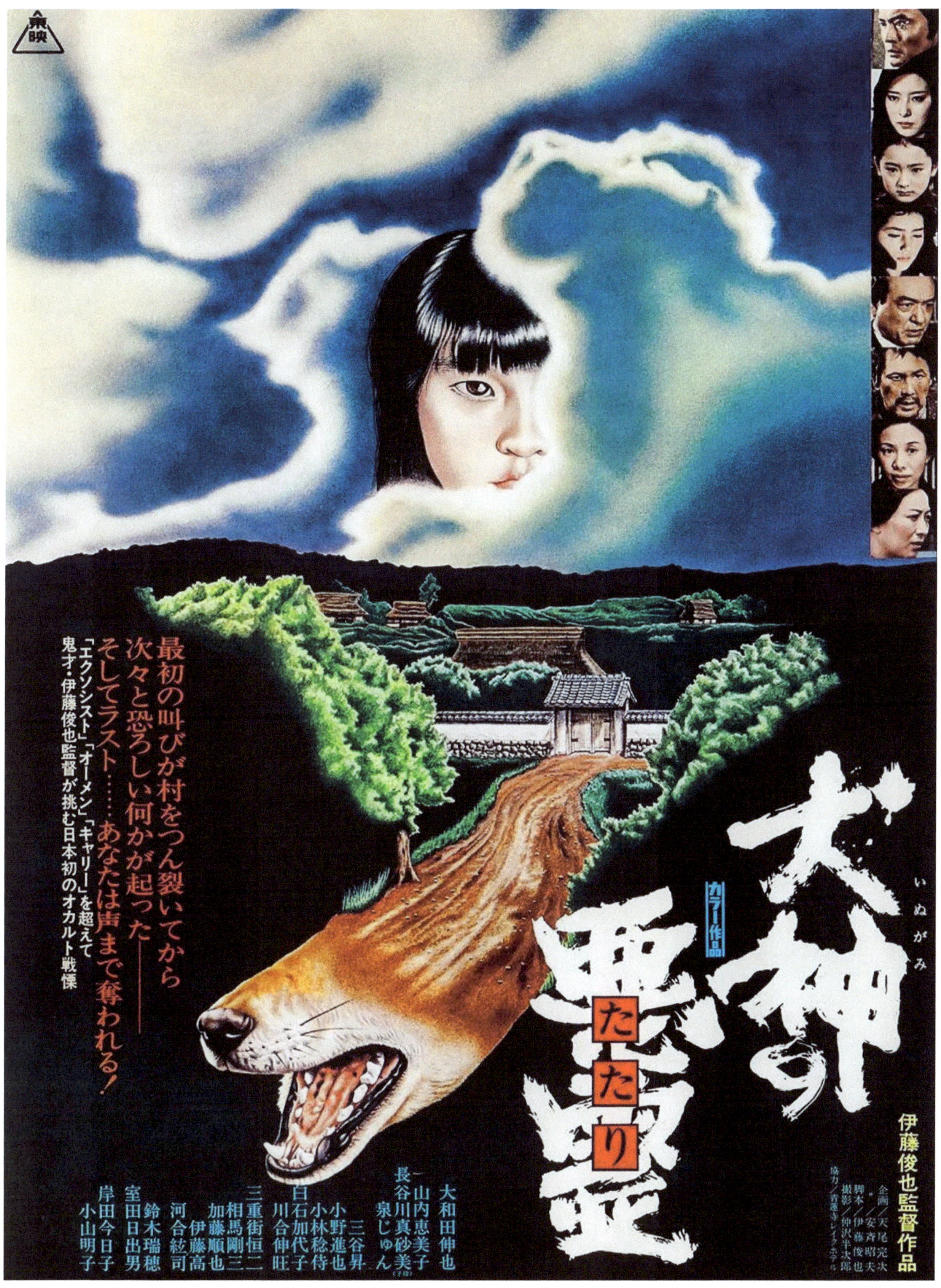
東映
カラー作品
犬神の悪霊
（いぬがみ）
たたり
伊藤俊也監督作品
最初の叫びが村をつん裂いてから
次々と恐ろしい何かが起った
そしてラスト……あなたは声まで奪われる！
「エクソシスト」「オーメン」「キャリー」を超えて
鬼才・伊藤俊也監督が挑む日本初のオカルト戦慄
大和田伸也
山内恵美子
長谷川真砂美子（子役）
泉じゅん
三谷昇
小野進也侍
小林稔侍
白川加代子
石田伸旺子
三重街恒三二
相馬順恒也
加藤剛高
伊藤順高也
河合絃司
鈴木瑞穂
室田日出男
岸田今日子
小山明子
企画／天尾完次
脚本／安斉昭夫
伊藤俊也
撮影／中沢半次郎
協力／青蓮寺レイク・ホテル

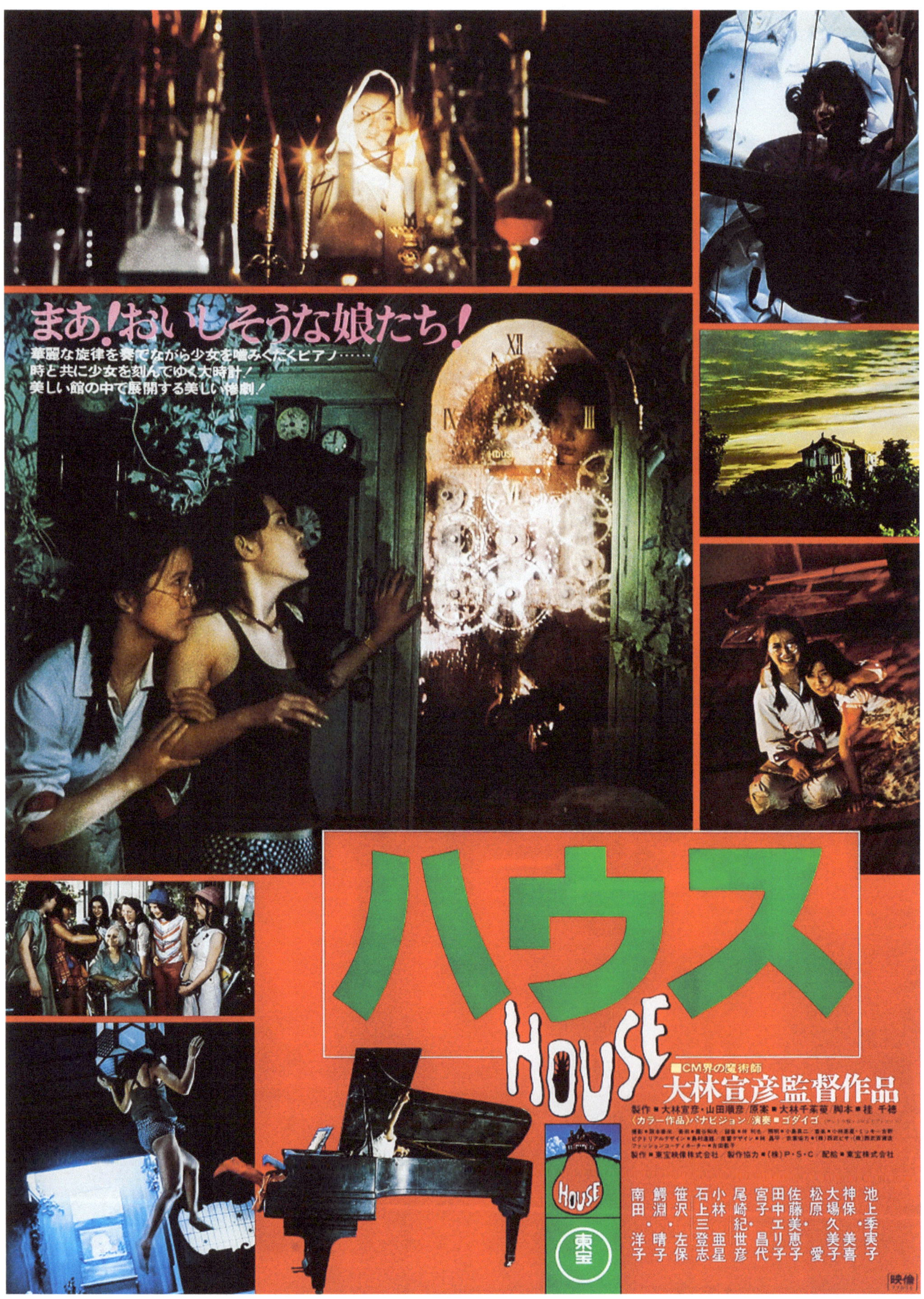

HAUSU
(Japan, 1977)

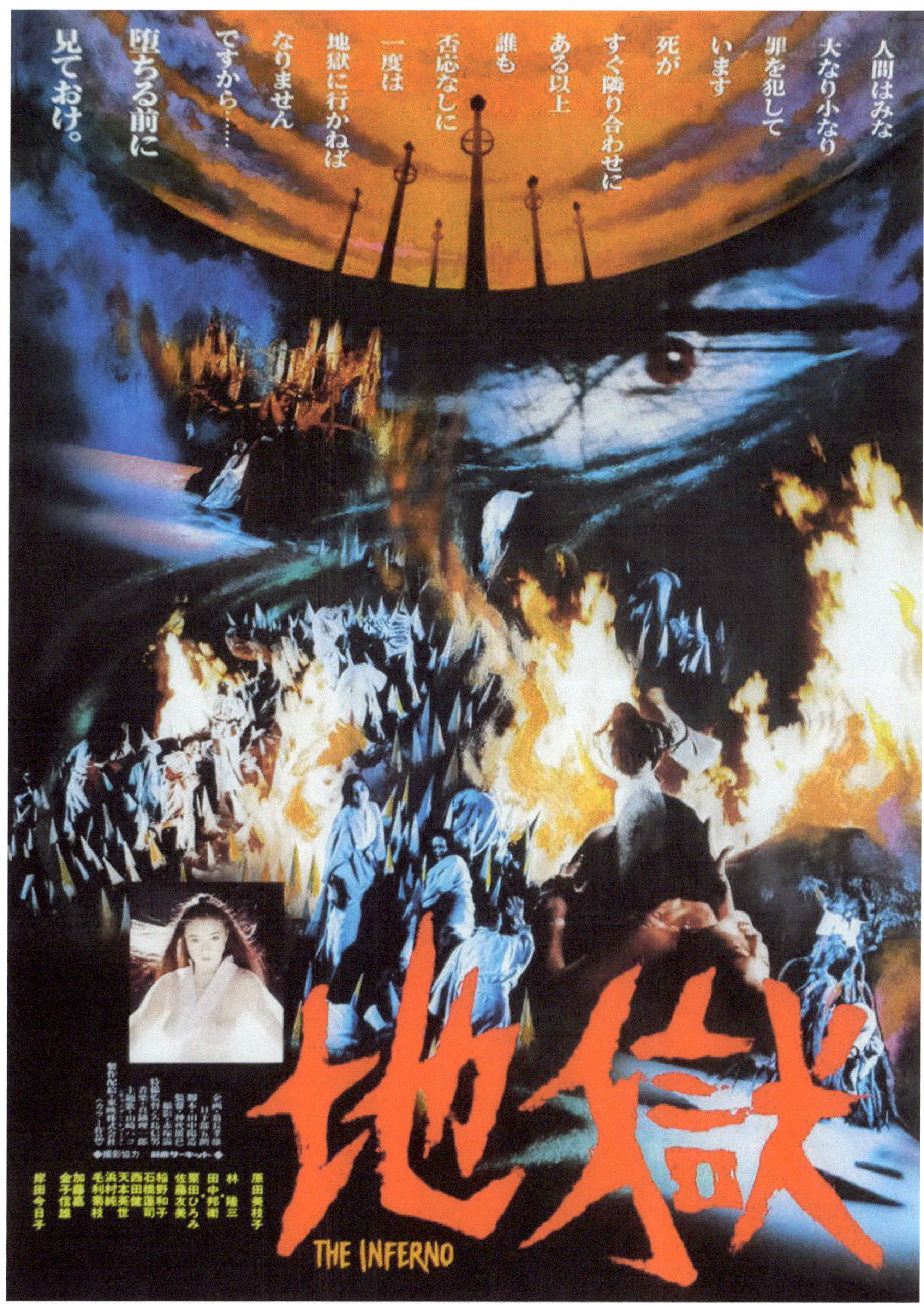

人間はみな
大なり小なり
罪を犯して
います
死が
すぐ隣り合わせに
ある以上
誰も
否応なしに
一度は
地獄に行かねば
なりません
ですから……
堕ちる前に
見ておけ。
地獄
THE INFERNO

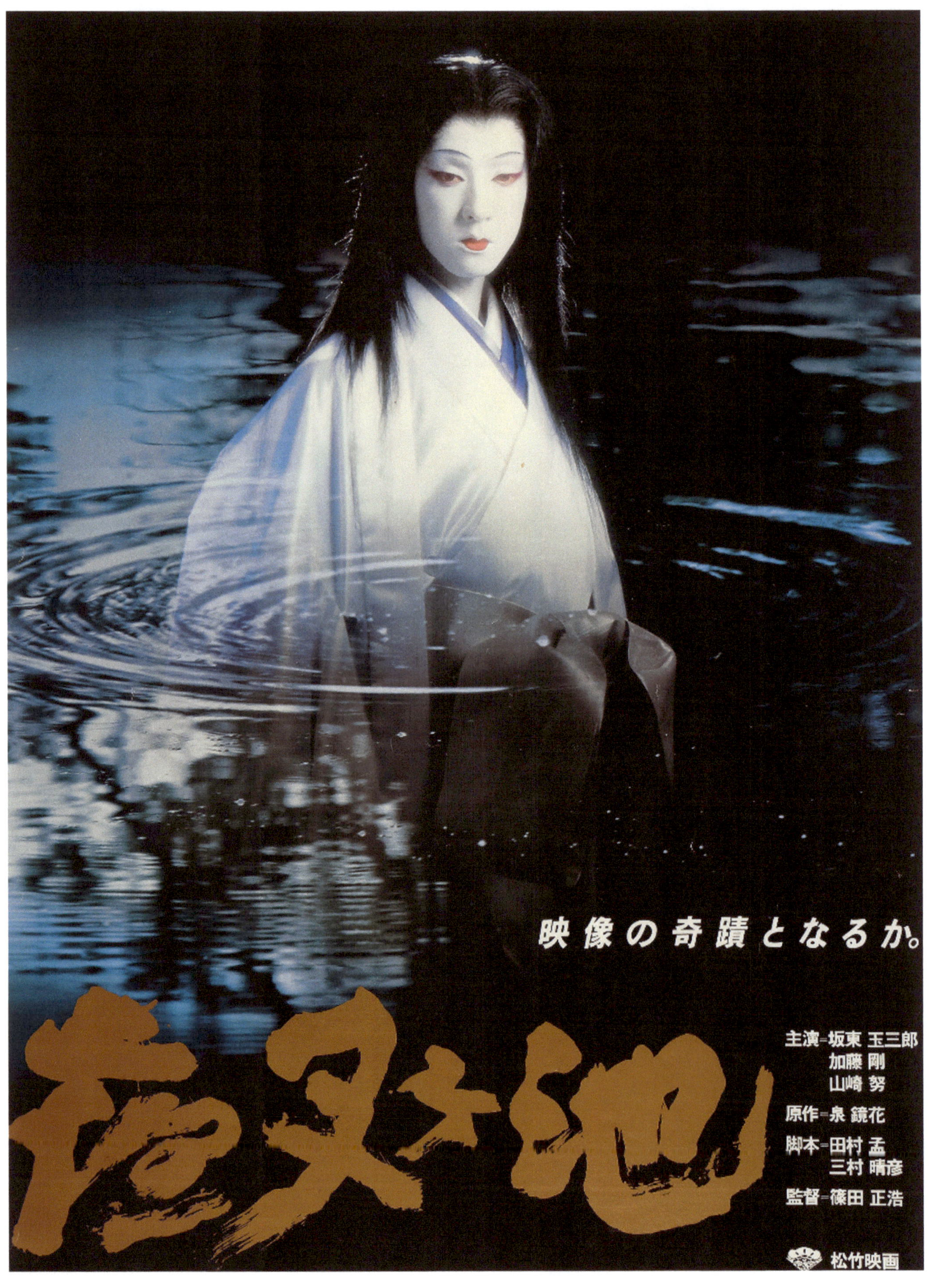

YASHAGAIKE
(Japan, 1979)

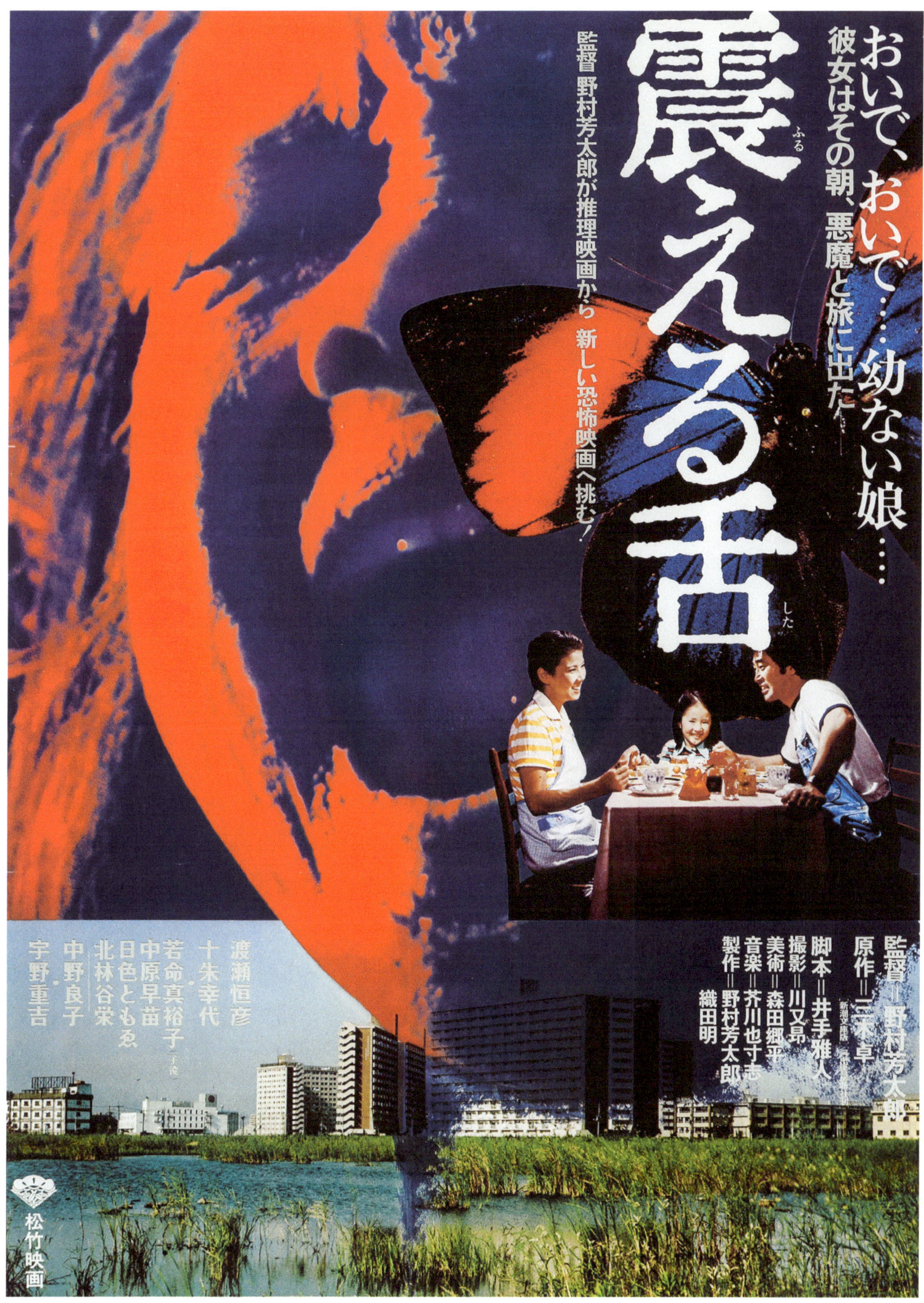

FURUERU SHITA
(Japan, 1990)

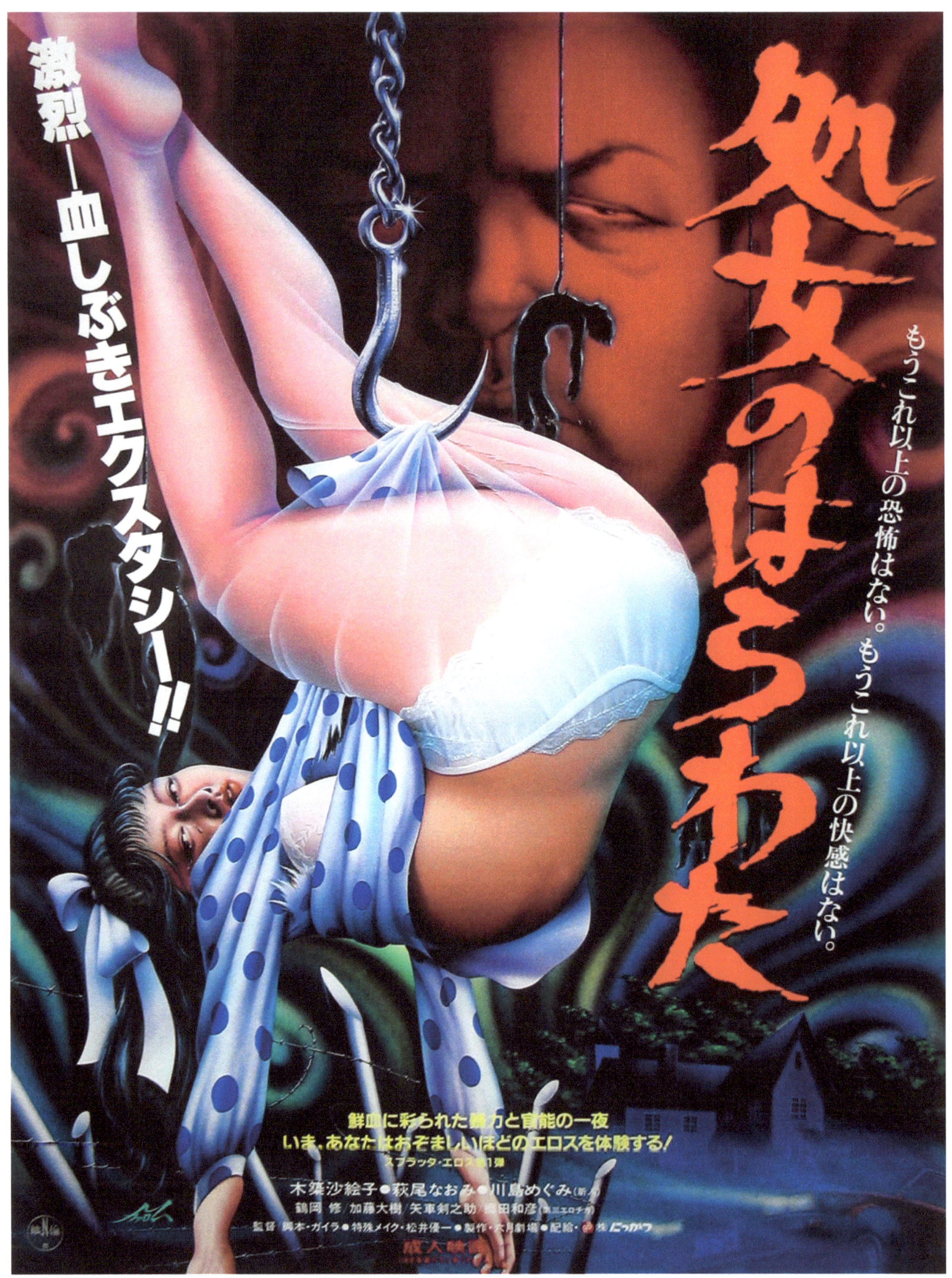

SHOJO NO HARAWATA
(Japan, 1986)

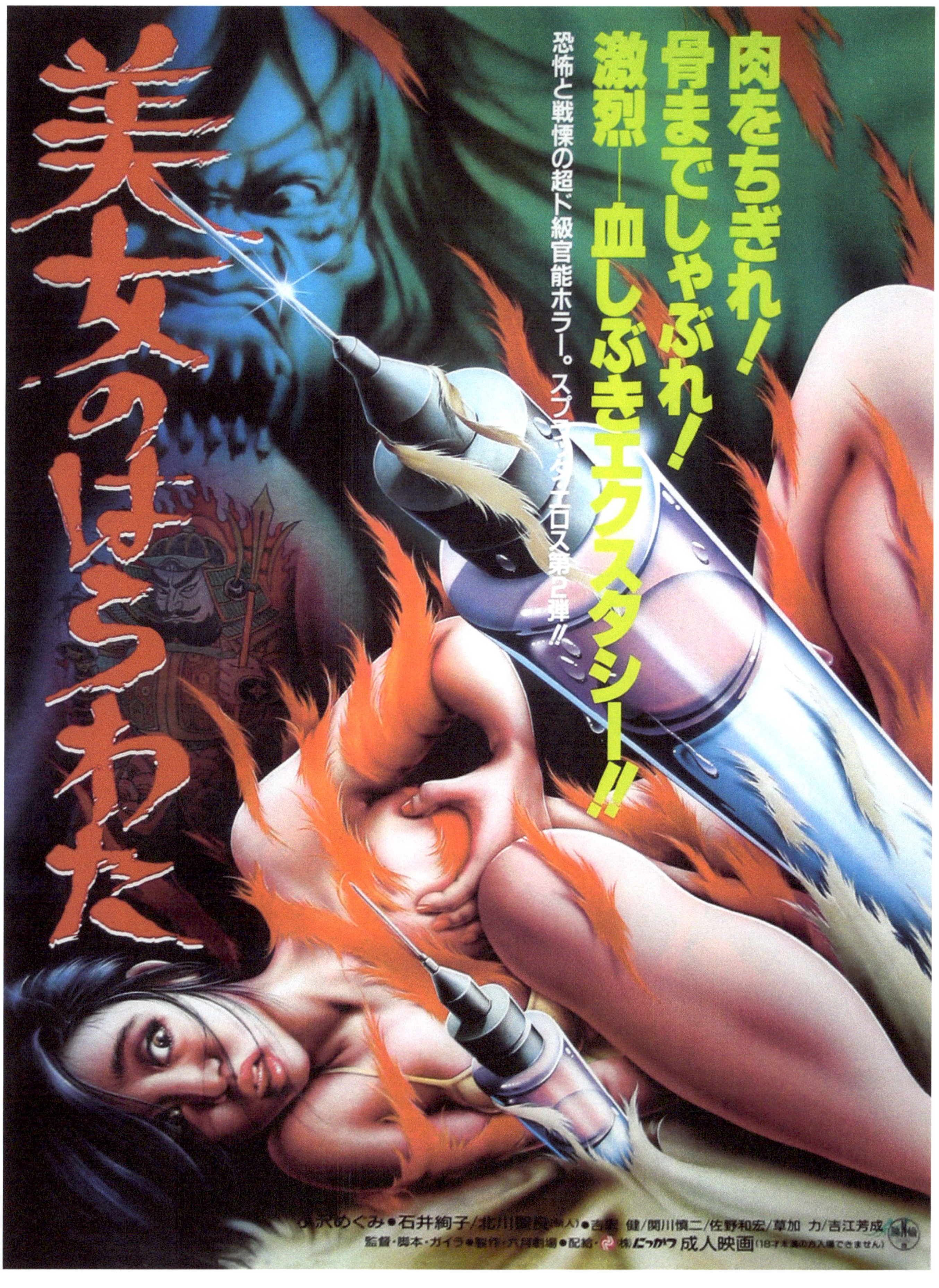

美女のはらわた
肉をちぎれ！
骨までしゃぶれ！
激烈——血しぶきエクスタシー！！
恐怖と戦慄の超ド級官能ホラー。スプラッター・エロス第2弾!!
沢めぐみ・石井絢子・北川麗（新人）・吉案 健/関川慎二/佐野和宏/草加 力/吉江芳成
監督・脚本・ガイラ●製作・六月劇場●配給・にっかつ 成人映画（18才未満の方入場できません）

BIJO NO HARAWATA
(Japan, 1986)

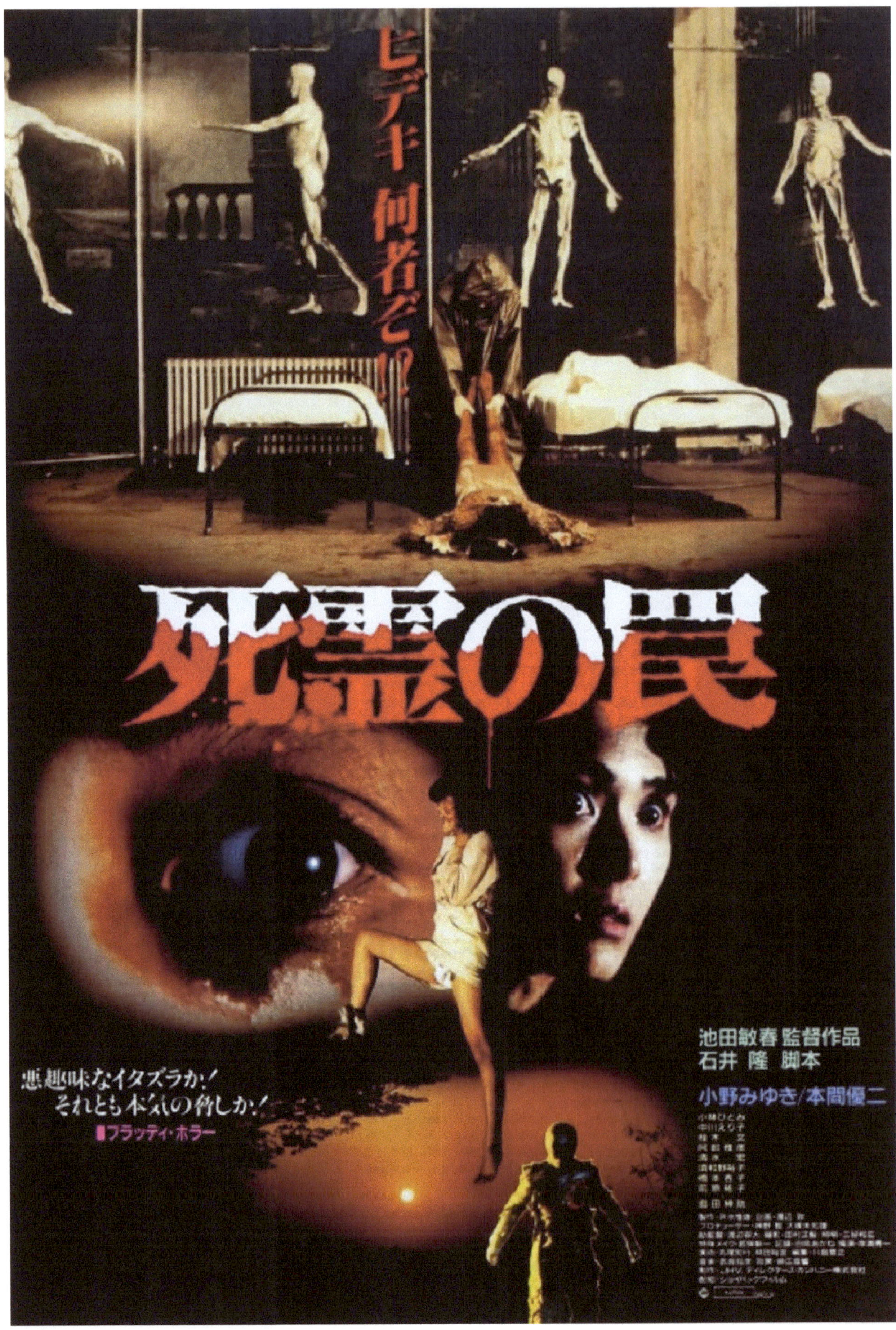

SHIRYO NO WANA
(Japan, 1988)

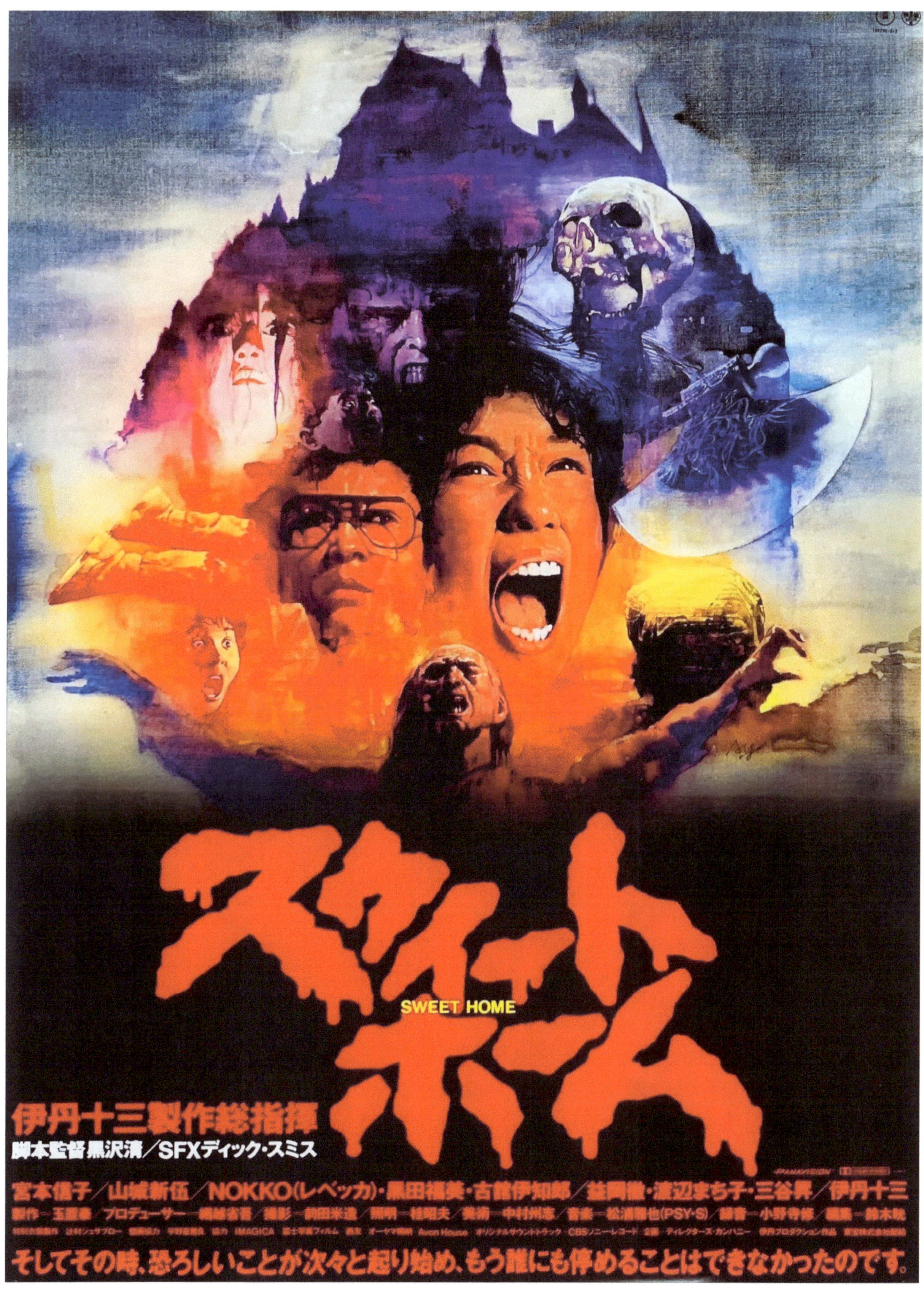
スウィート
ホーム
SWEET HOME
伊丹十三製作総指揮
脚本監督黒沢清／SFXディック・スミス
宮本信子／山城新伍／NOKKO（レベッカ）・黒田福美・古舘伊知郎／益岡徹・渡辺まち子・三谷昇／伊丹十三
そしてその時、恐ろしいことが次々と起り始め、もう誰にも停めることはできなかったのです。

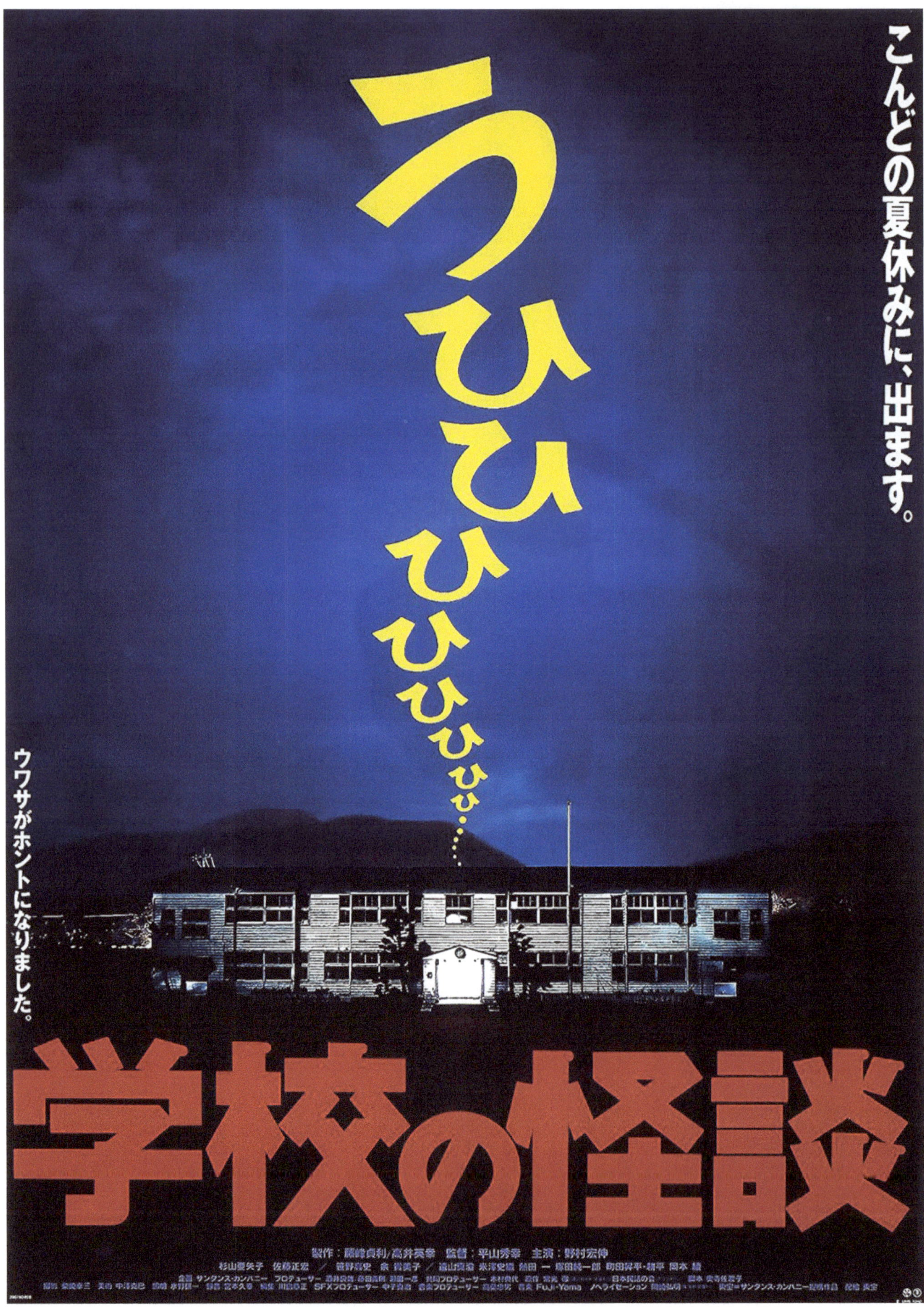

GAKKO NO KAIDAN
(Japan, 1995)

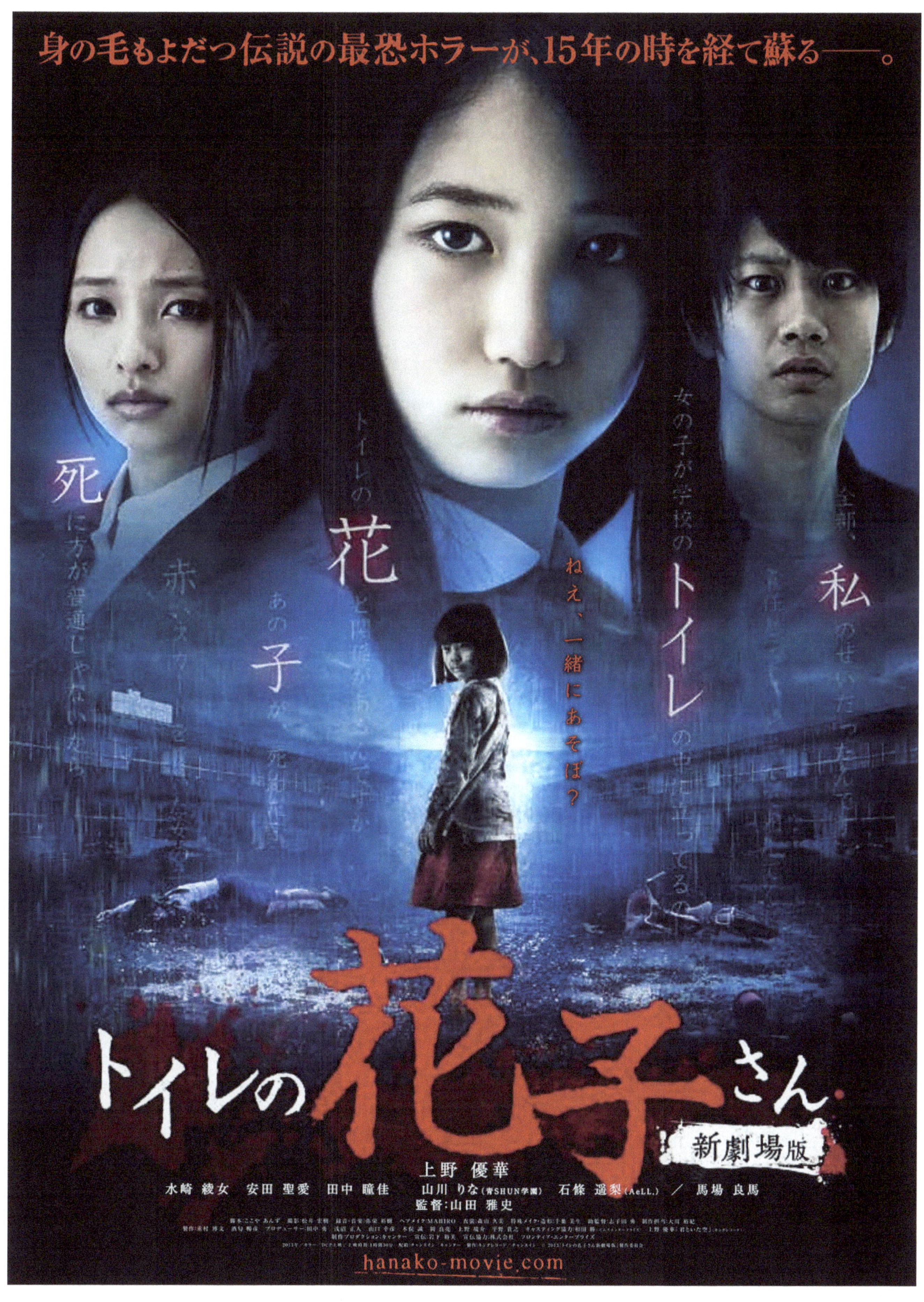

身の毛もよだつ伝説の最恐ホラーが、15年の時を経て蘇る──。
死
花
あの子
ねえ、一緒にあそぼ？
トイレの花子さん
新劇場版
上野 優華
hanako-movie.com

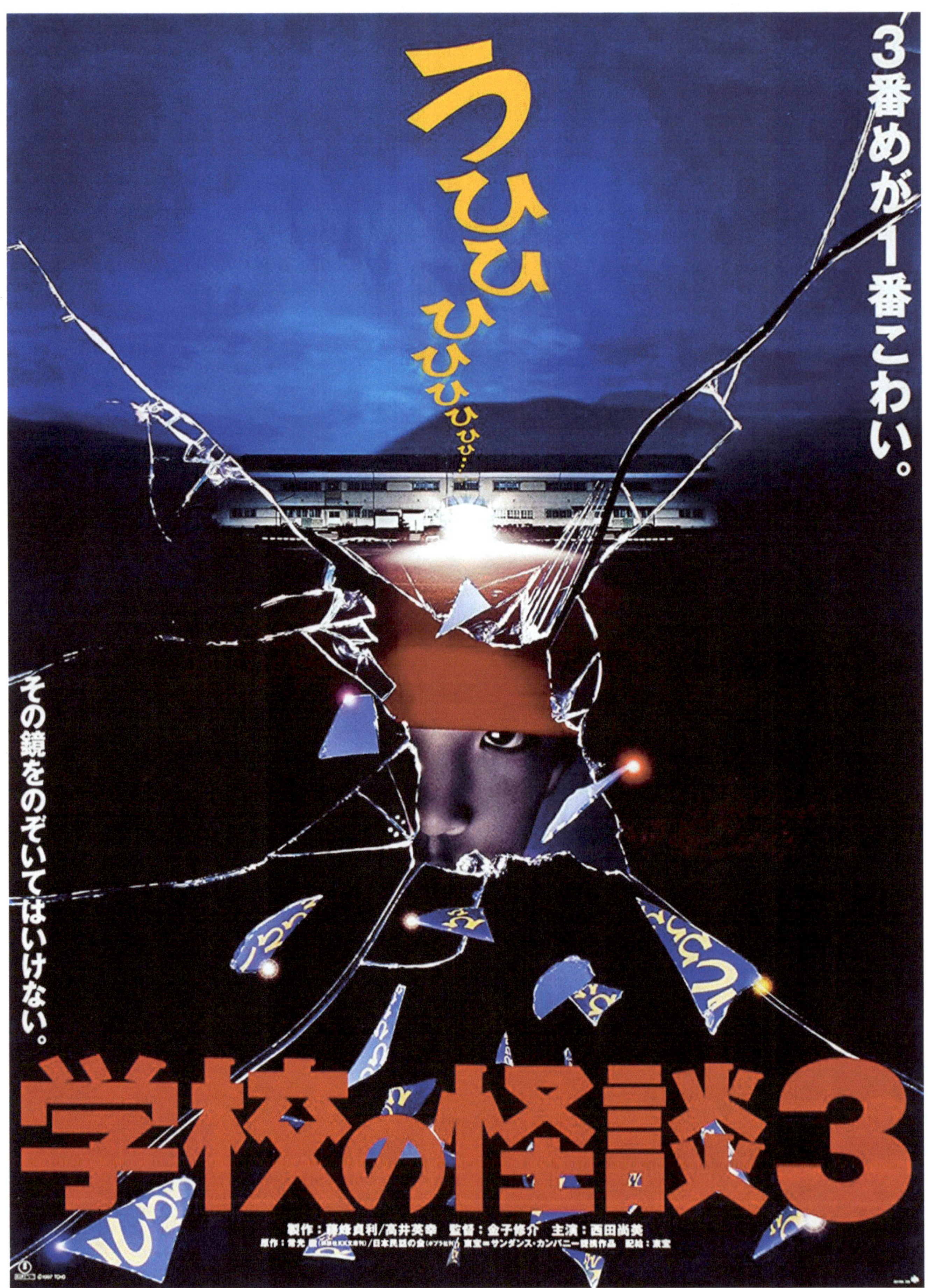

GAKKO NO KAIDAN 3
(Japan, 1997)

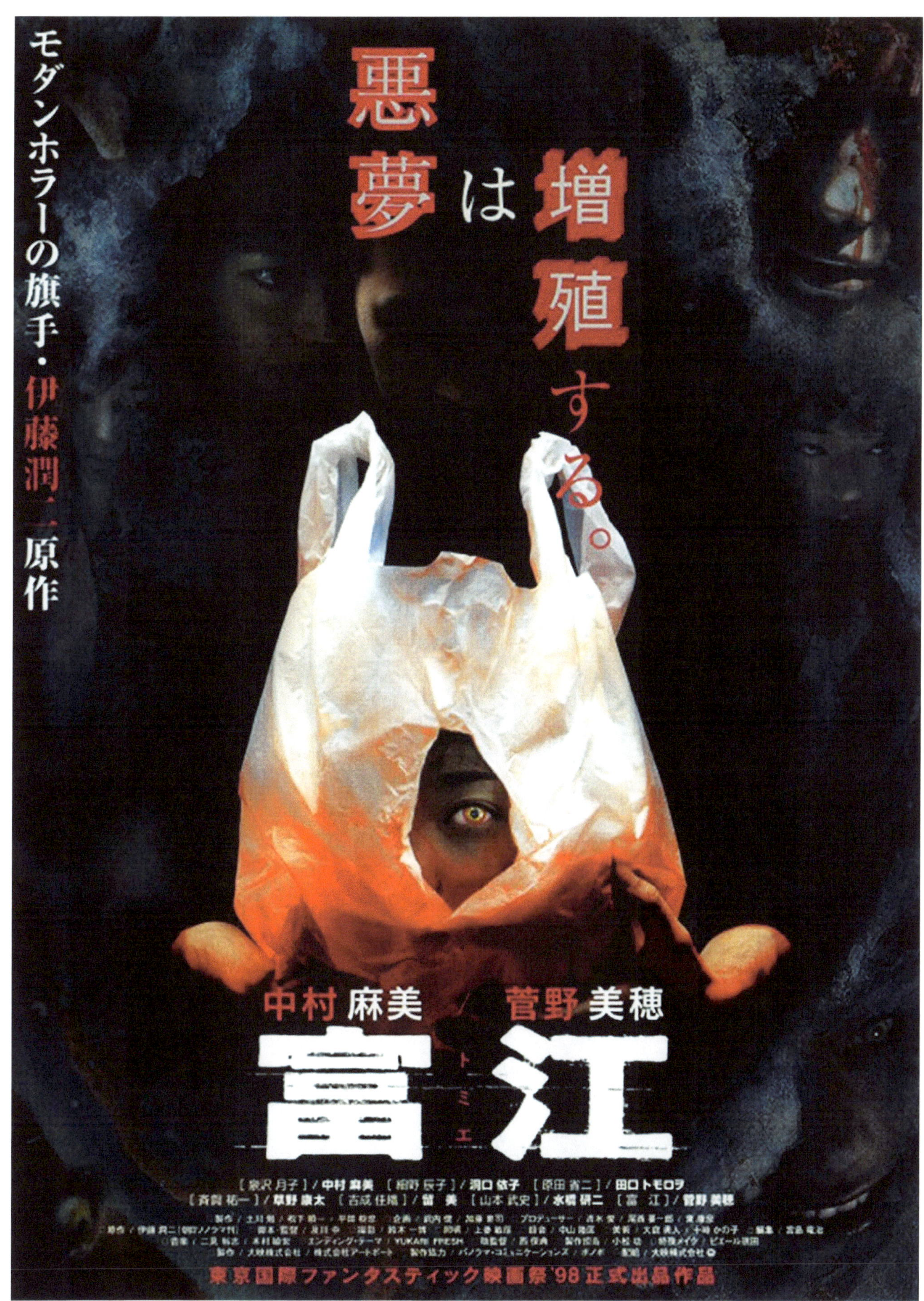

TOMIE
(Japan, 1998)

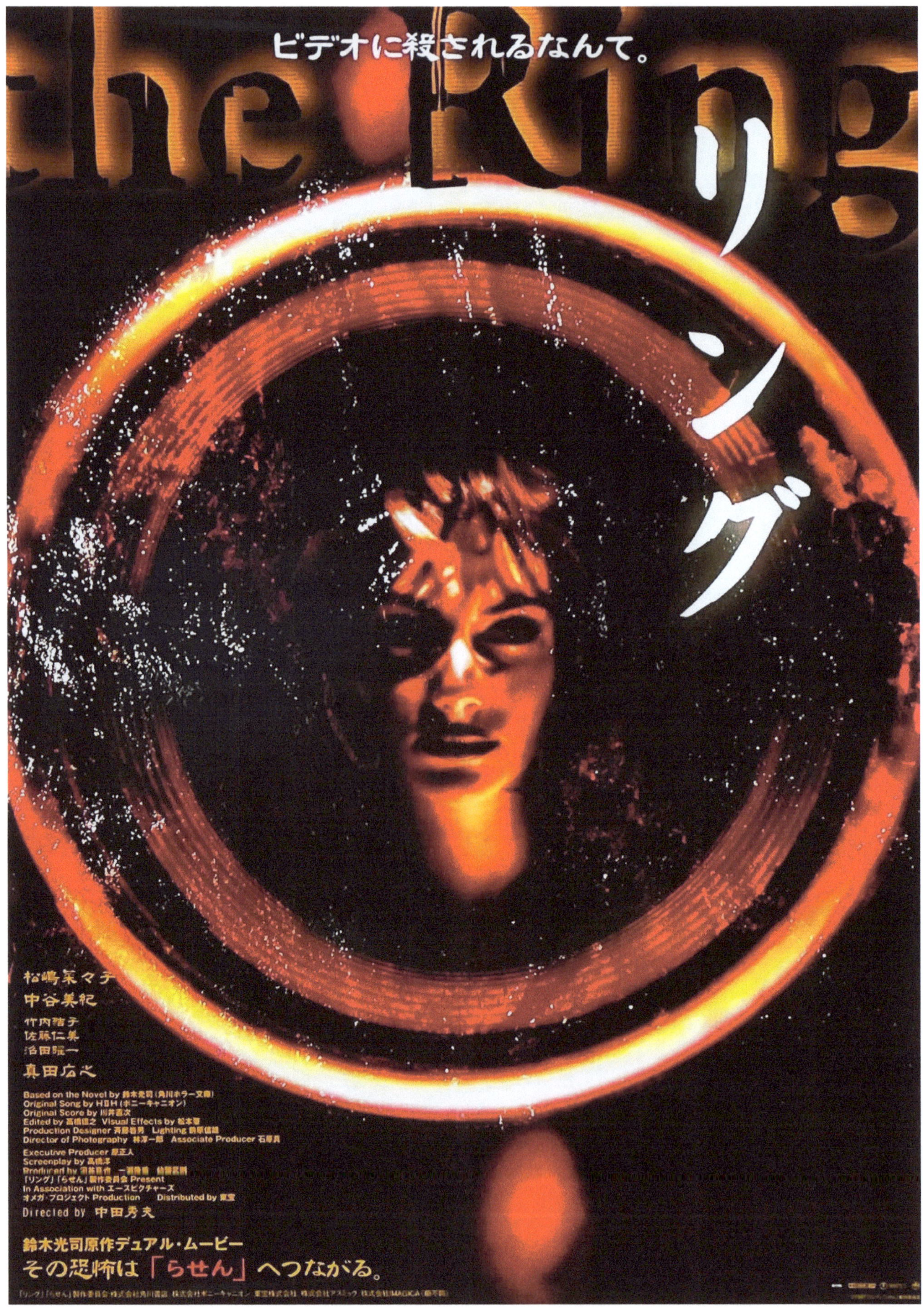

RINGU
(Japan, 1998)

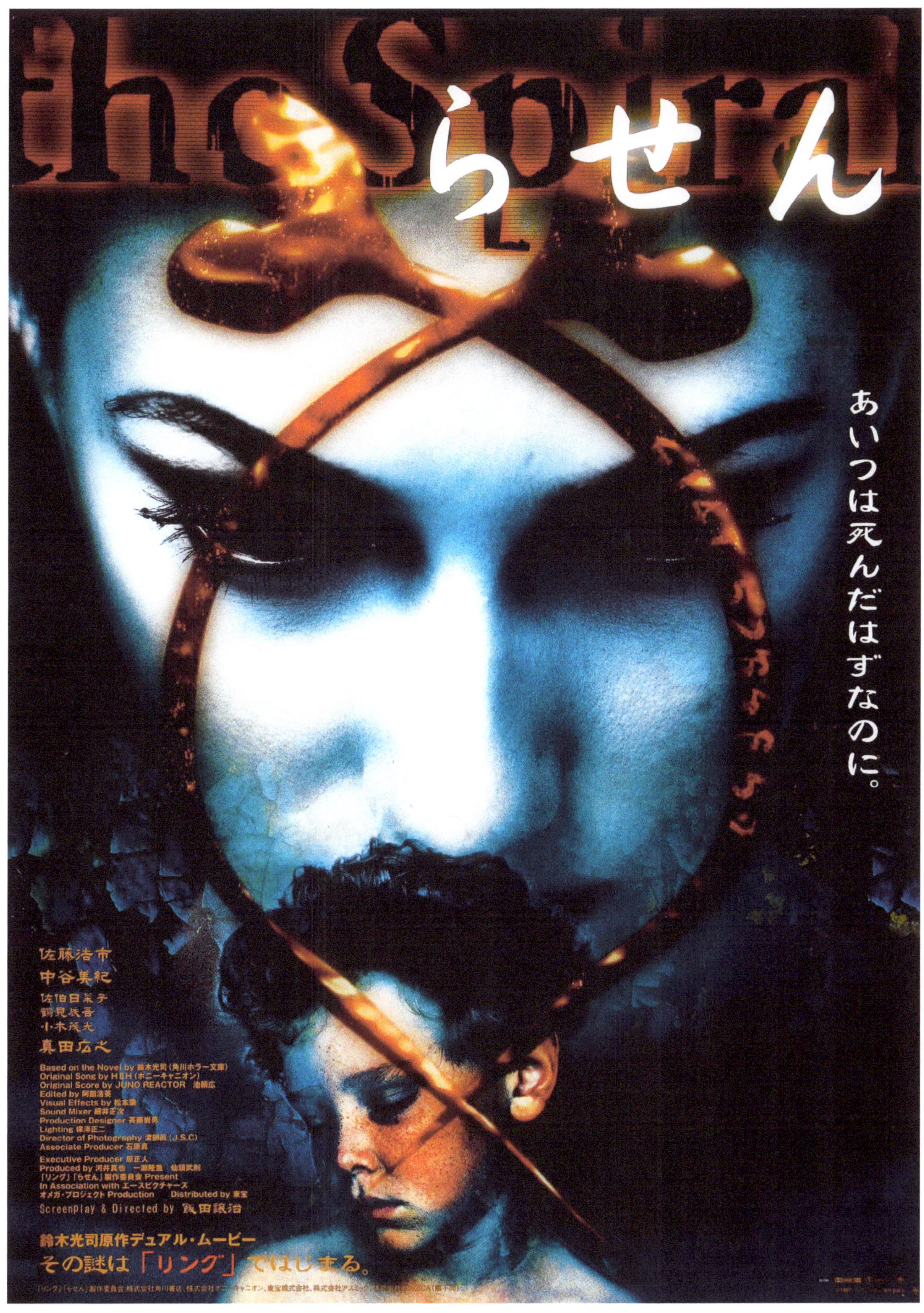
らせん
あいつは死んだはずなのに。
佐藤浩市
中谷美紀
佐伯日菜子
鶴見辰吾
小木茂光
真田広之
Based on the Novel by 鈴木光司 (角川ホラー文庫)
Original Song by H∞H (ボニーキャニオン)
Original Score by JUNO REACTOR 池頼広
Edited by 阿部清美
Visual Effects by 松本肇
Sound Mixer 郡弘道
Production Designer 斉藤岩男
Lighting �二
Director of Photography 渡部眞 (J.S.C)
Associate Producer 石原真
Executive Producer 原正人
Produced by 河井真也 一瀬隆重 仙頭武則
「リング」「らせん」製作委員会 Present
In Association with エースピクチャーズ
オメガ・プロジェクト Production   Distributed by 東宝
ScreenPlay & Directed by 飯田譲治
鈴木光司原作デュアル・ムービー
その謎は「リング」ではじまる。

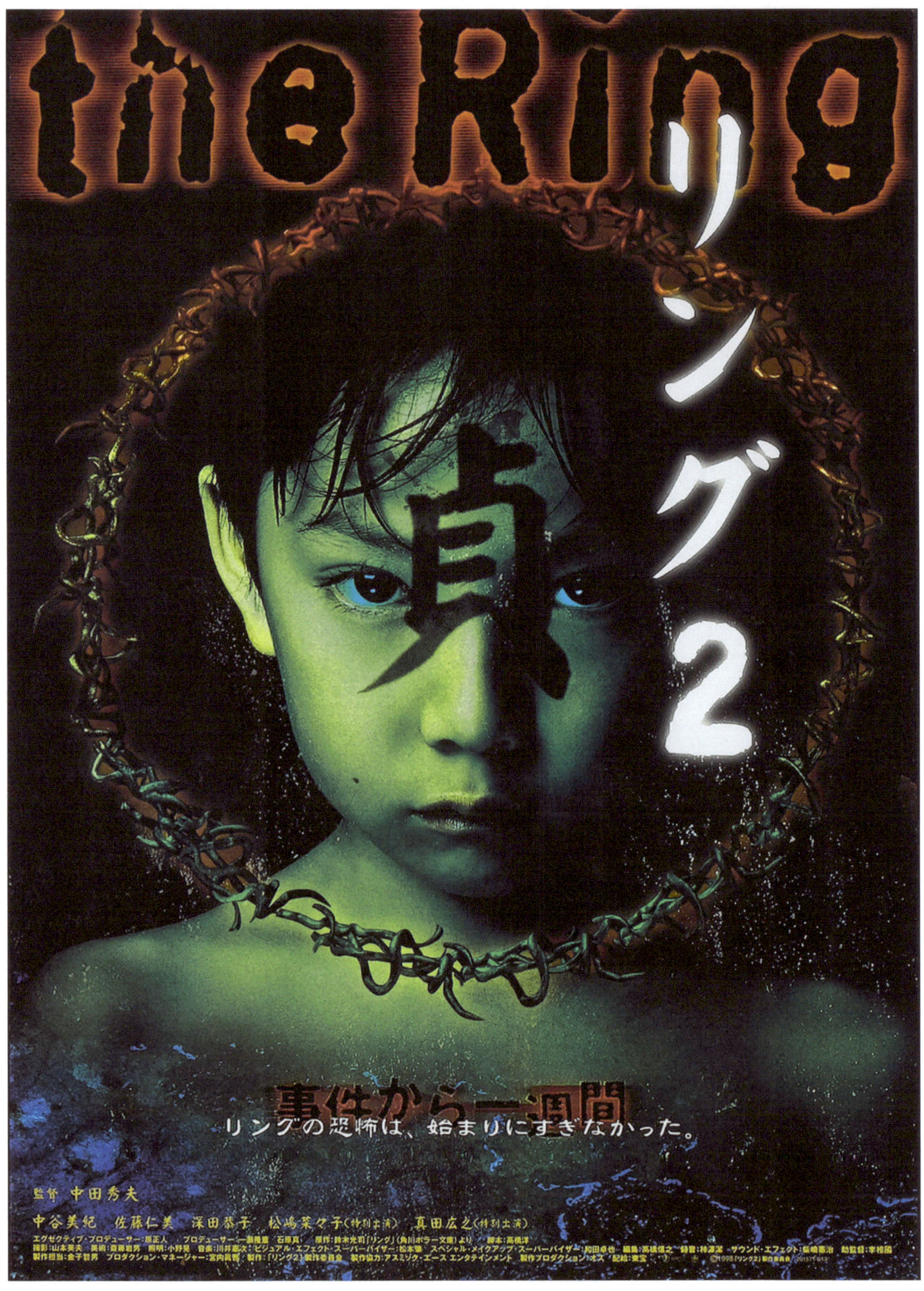

RINGU 2
(Japan, 1998)

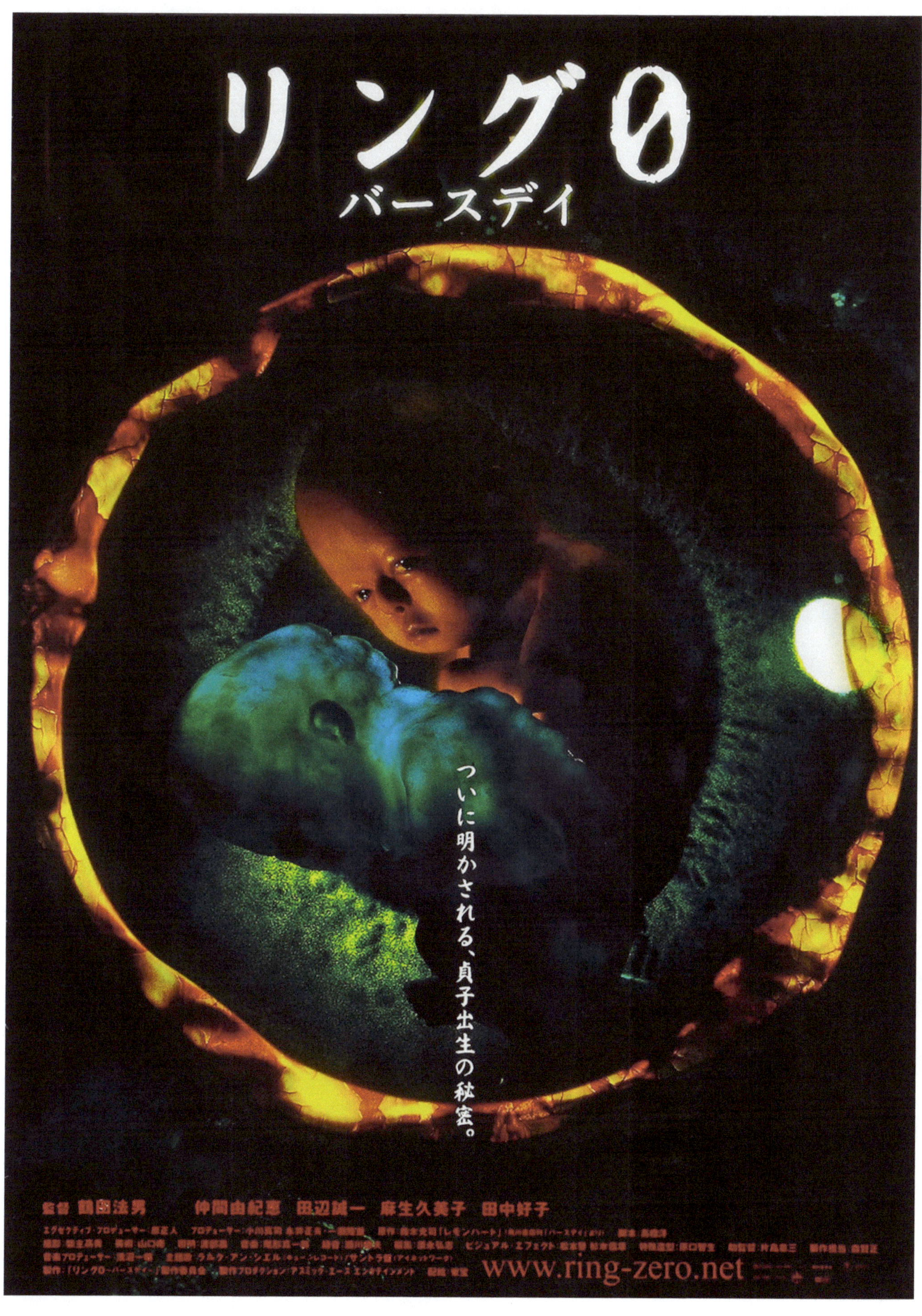

RINGU ZERO: BASUDEI
(Japan, 1999)

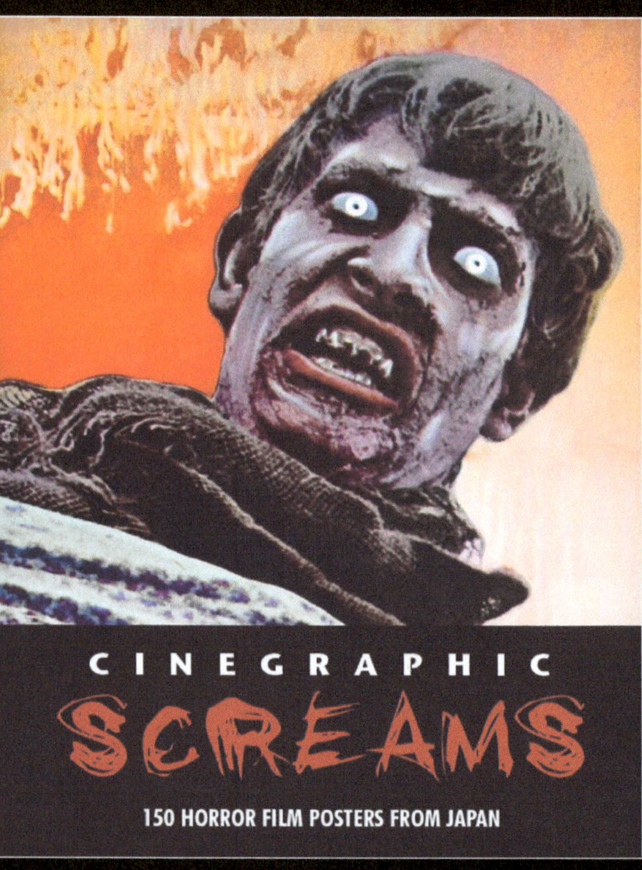

CINEGRAPHIC SCREAMS
150 HORROR FILM POSTERS FROM JAPAN

Film poster art and design from Japan is renowned as being among the most striking and dynamic in the world, with kanji logograms adding an extra dimension of graphic integration for the Western eye.

CINEGRAPHIC SCREAMS presents 150 of the very best horror film posters created in Japan in the latter decades of the 20th century, the peak years of creativity for this art-form. This volume focuses on posters designed to promote international productions.

The artworks are reproduced in full-colour, full-page format, with films ranging from classic American horror to gothic Hammer phantasies and gore-splattered Italian cine-nightmares of cannibalism and zombie mayhem.

Edited by Kagami Jigoku Kobayashi.

ISBN 978-1-8383595-5-3

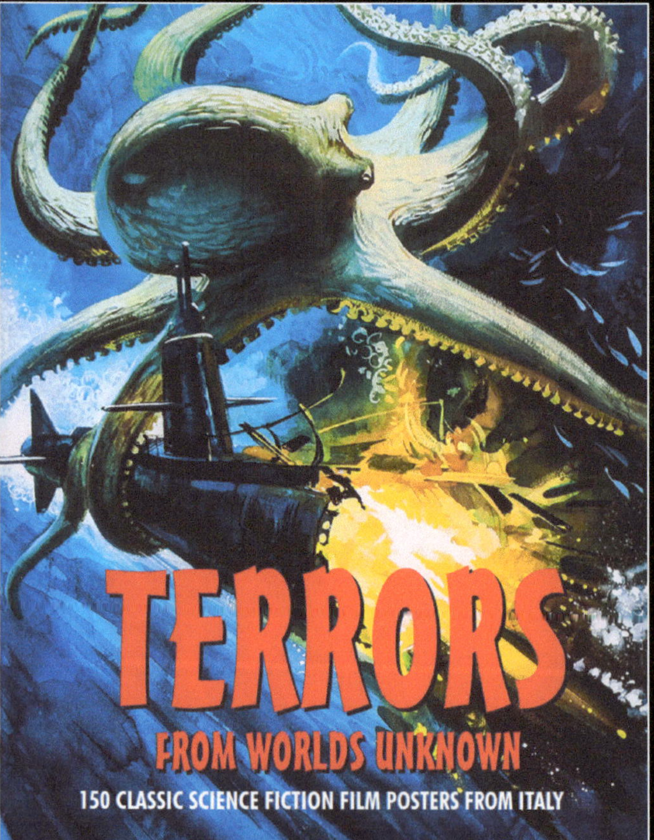

TERRORS FROM WORLDS UNKNOWN
150 CLASSIC SCIENCE FICTION FILM POSTERS FROM ITALY

Classic Italian film poster art is renowned as being among the most innovative, creative and dynamic of its kind. From the post-war period through to early 1990s, Italian artists consistently produced posters with sumptuously stunning designs and seductive imagery – not least in the science fiction genre, for which compositions often included curvaceous female figures in jeopardy, juxtaposed with the iconography of unreal terrors.

Terrors From Worlds Unknown collects 150 science fiction film posters by a wide range of acclaimed Italian artists, created for both indigenous and world-wide film productions. The collection features full-color, full-page reproductions illustrating classic SF tropes from space exploration and alien invasions to aberrant experimentation and bizarre human mutations, as well as science fantasy sub-genres such as lost worlds, giant monsters and fumetto-inspired superhero narratives. Terrors From Worlds Unknown presents a vivid pictorial history of science fiction cinema expressed in its most immediate and eye-catching form.

Edited by G.H. Janus.

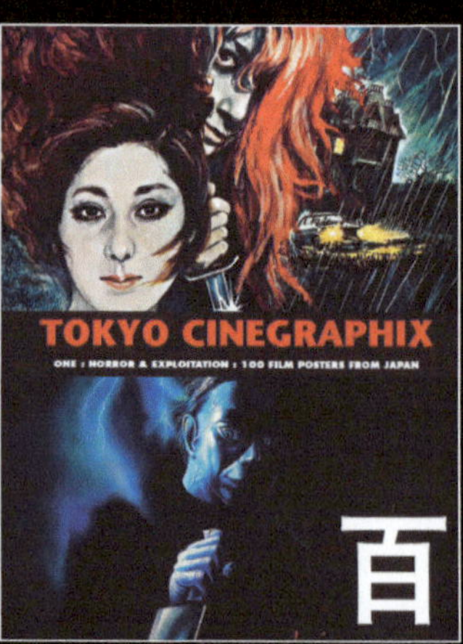
TOKYO CINEGRAPHIX
ONE : HORROR & EXPLOITATION : 100 FILM POSTERS FROM JAPAN
百

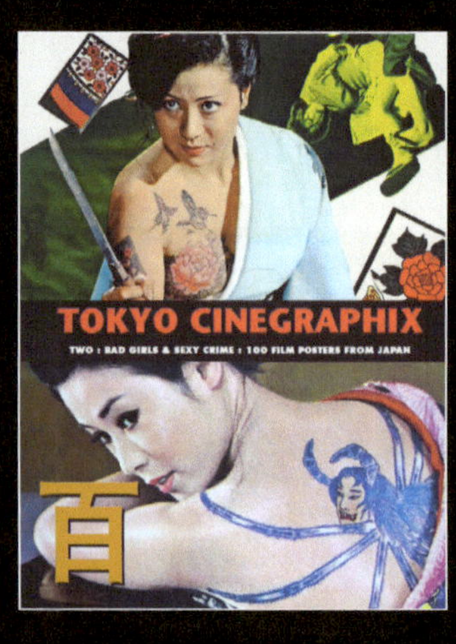
TOKYO CINEGRAPHIX
TWO : BAD GIRLS & SEXY CRIME : 100 FILM POSTERS FROM JAPAN
百

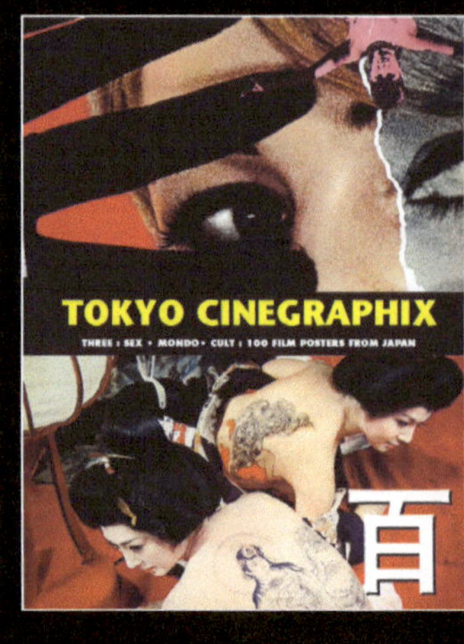
TOKYO CINEGRAPHIX
THREE : SEX • MONDO • CULT : 100 FILM POSTERS FROM JAPAN
百

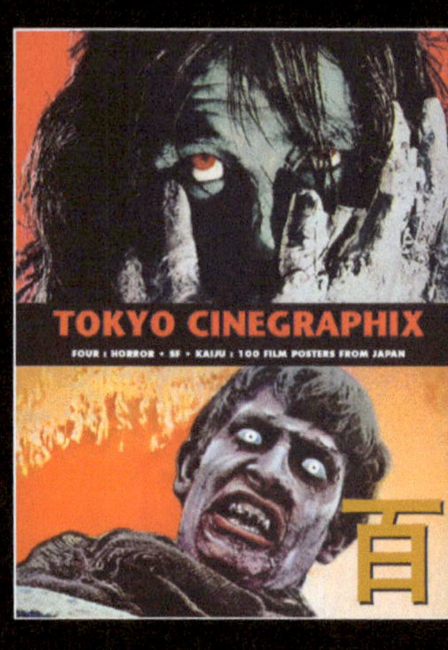
TOKYO CINEGRAPHIX
FOUR : HORROR • SF • KAIJU : 100 FILM POSTERS FROM JAPAN
百

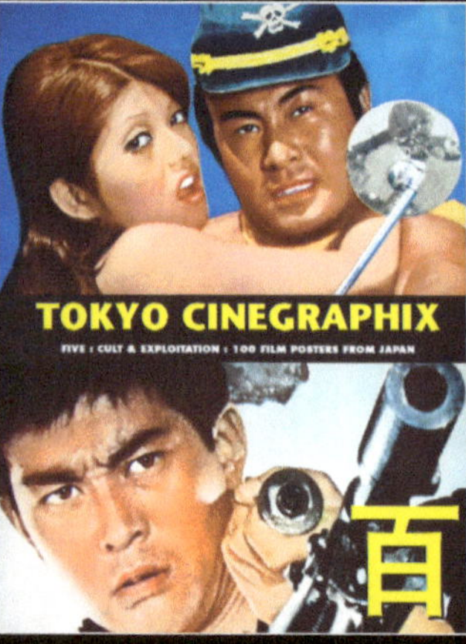
TOKYO CINEGRAPHIX
FIVE : CULT & EXPLOITATION : 100 FILM POSTERS FROM JAPAN
百

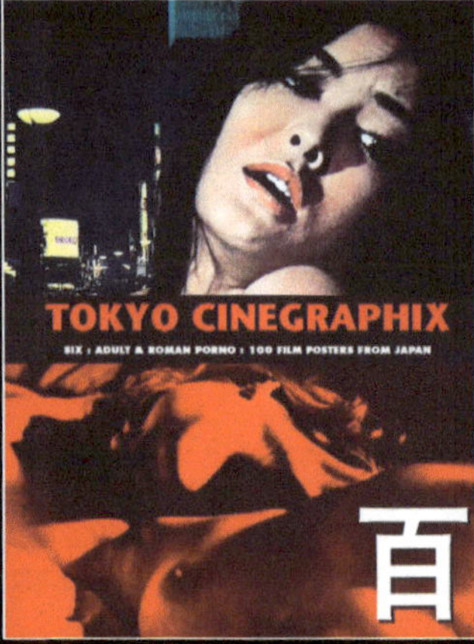
TOKYO CINEGRAPHIX
SIX : ADULT & ROMAN PORNO : 100 FILM POSTERS FROM JAPAN
百

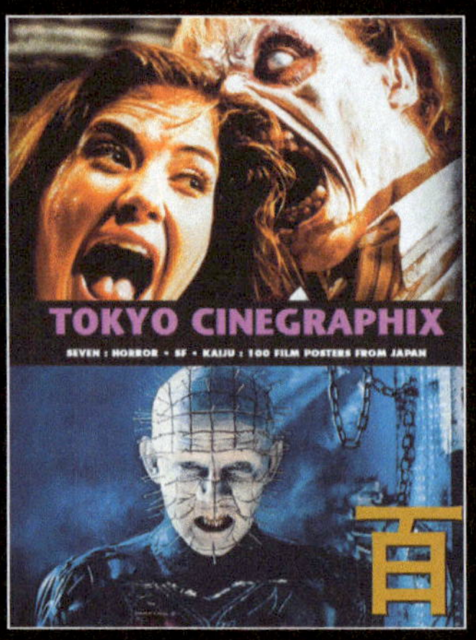
TOKYO CINEGRAPHIX
SEVEN : HORROR • SF • KAIJU : 100 FILM POSTERS FROM JAPAN
百

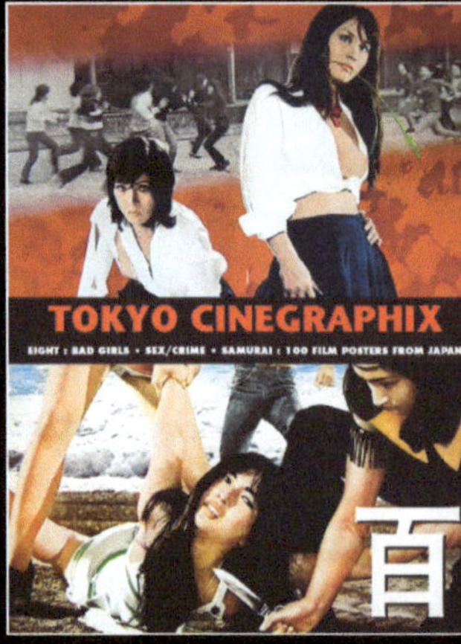
TOKYO CINEGRAPHIX
EIGHT : BAD GIRLS • SEX/CRIME • SAMURAI : 100 FILM POSTERS FROM JAPAN
百

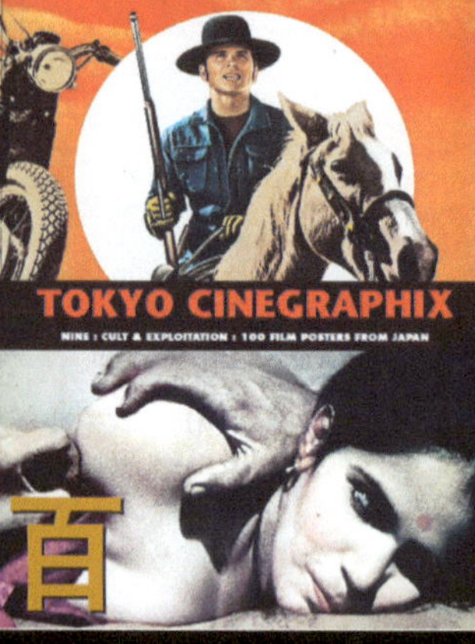
TOKYO CINEGRAPHIX
NINE : CULT & EXPLOITATION : 100 FILM POSTERS FROM JAPAN
百

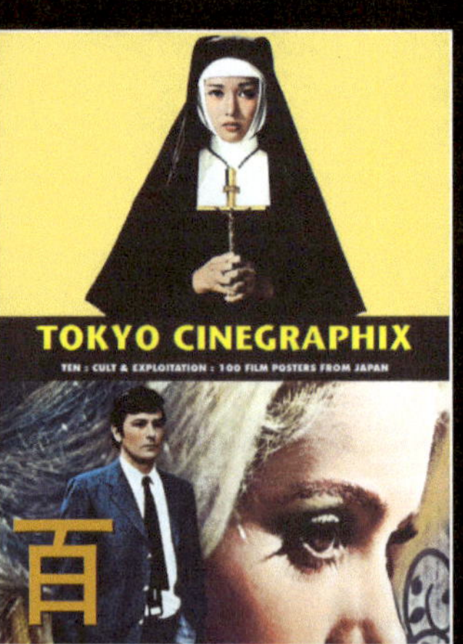
TOKYO CINEGRAPHIX
TEN : CULT & EXPLOITATION : 100 FILM POSTERS FROM JAPAN
百

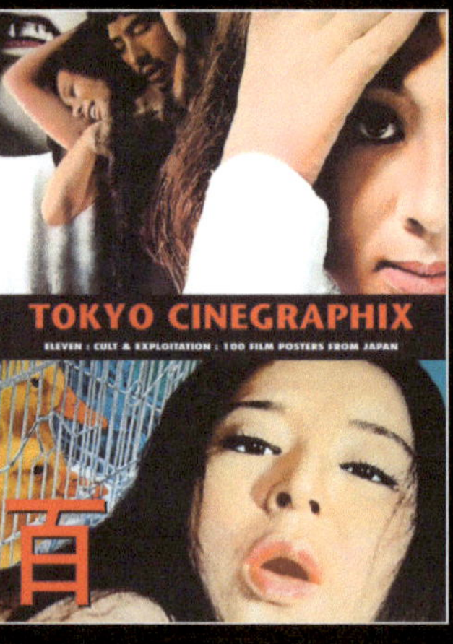
TOKYO CINEGRAPHIX
ELEVEN : CULT & EXPLOITATION : 100 FILM POSTERS FROM JAPAN
百

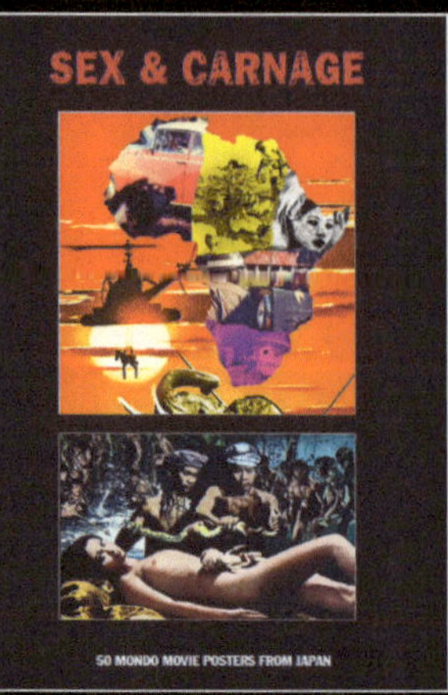
SEX & CARNAGE
50 MONDO MOVIE POSTERS FROM JAPAN